梅赛德斯-奔驰星愿基金
Mercedes-Benz Star Fund

此为故宫博物院 2021 年开放课题“清代宫廷技艺传承范例研究”的成果，本项目得到“中国青基会梅赛德斯-奔驰星愿基金”“北京故宫文物保护基金会”公益资助。

丹宸永固600年

EVRLASTING SPLENDOR FOR SIX CENTURIES

故宫文化圈（河北卷）

顾　问：李建臣　章宏伟
策　划：杜　方　曹保刚

专家委员会：
李振刚　白　贵　任文京　陈双新
张进红　肖红松　衣长春　侯志刚
卢国新　刘维尚　赵志策　董小龙
程　辉　吴占良　李　杉　贾　鹏

河北大学燕赵文化高等研究院
INSTITUTE FOR ADVANCED STUDY OF YANZHAO CULTURE,HEBEI UNIVERSITY
成果文库

河北省重点高端智库
河北省文化产业发展研究中心

EVRLASTING SPLENDOR FOR SIX CENTURIES

丹宸永固600年

故宫文化圈

（河北卷）

杜 方 张育祥 李梦泽 著

河北大学出版社 · 保定

出 版 人：刘相美
责任编辑：张　磊
装帧设计：王占梅
责任校对：李　易
责任印制：常　凯

DANCHEN YONGGU 600 NIAN
GUGONG WENHUAQUAN HEBEI JUAN

图书在版编目（CIP）数据

丹宸永固600年：故宫文化圈. 河北卷 / 杜方，张育祥，李梦泽著. -- 保定：河北大学出版社，2024. 12. -- ISBN 978-7-5666-2313-3

Ⅰ. K928.74；K292.2

中国国家版本馆CIP数据核字第2024M5C042号

出版发行：河北大学出版社
地址：河北省保定市七一东路2666号　邮编：071000
电话：0312-5073019　0312-5073029
网址：www.hbdxcbs.com
邮箱：hbdxcbs818@163.com
经　　销：全国新华书店
印　　刷：保定文昌印刷有限公司
幅面尺寸：210mm×285 mm
字　　数：280 千字
印　　张：17.5
版　　次：2024 年 12 月第 1 版
印　　次：2024 年 12 月第 1 次印刷
书　　号：ISBN 978-7-5666-2313-3
定　　价：198.00 元

序言
——再谈“故宫文化圈”

“故宫文化圈”是杜浩教授首创的一个学术概念，也是对明清以来宫廷文化与地域文化交融传播、渗透影响、优化发展的历史过程的精练描述和规律总结。

文化圈作为文化学研究中描述文化分布的地理性概念之一，强调的是具体特质的文化要素在空间上的分布与变迁，以及其规律的阐释。“故宫文化圈”是以故宫文化为基础，对明清两代600余年的历史岁月中，以政治中心辐射出的文化传播脉系的一次大发现。从文化圈层的角度来看，“故宫文化圈”不仅注重对故宫文化的“内涵”挖掘，同时立足于中华文化要素在历史上向政治中心汇聚、演变，又向外扩散、传承的地域特征，因而进一步从空间上延伸了故宫学的内涵。换言之，“故宫文化圈”是一个在超越故宫物理空间范畴研究故宫文化的新视角，同时在当今新时代的文化发展节点上，“故宫文化圈”的研究具有提升故宫周边地区优秀历史文化资源品牌知名度，实现故宫品牌、文化、元素、渠道外溢效应等现实意义。

当前，我国明清时期以“故宫”命名的博物馆共有4处，分别为北京故宫、清沈阳故宫、南京明故宫和台北故宫，除台北故宫外，其余3座故宫皆为明清时期的皇宫遗址。而如果以文化要素重新勾连故宫文化，则也应包括历史上宫廷技艺、风俗、乐舞、艺术等非物质文化，还应包括构成文化形象或行为的贡器、饮食、物用、建材等各类生产或生活资料，这些物质或非物质的文化要素涉及更为广泛的地域关联。因此可以说，“故宫文化圈”的提出为故宫文化的研究提供了更广的视野和更多的可能性。

河北与北京地理相依、文脉相连，是故宫文化在地理传承上不可或缺的重要圈层。从历史的角度来看，明清以来，大量宫廷匠人来自河北，又在晚清乱世流落河北民间，在宫廷文化的传承和发扬中占据了举足轻重的地位。历史上的河北工匠以卓越的技巧和精湛的艺术眼光，不断推动宫廷技艺向更高的水平发展。后来，没入民间的他们又在生活中凝练智慧和创新精神，形成了河北“故宫文化圈”这一独具特色的文化内容和艺术风格。

《丹宸永固600年——故宫文化圈（河北卷）》作为河北大学故宫学研究中心的重要成果，从地域遗产、文物典藏和当代传承等三个角度切入，对河北在故宫建设和文化传承中的历史贡献进行了一次系统梳理和总结，这也是研究团队第一次尝试对“故宫文化圈”的具体内涵进行系统性挖掘和阐释。“故宫文化圈”系列研究是一项非常重要且具有深远意义的工作，我们期待着这项研究能够取得更加全面和深入的成果，并期待着在不久的将来能够与大家共同分享这些成果。

目录

缘起

第一章　缘起
——历史地理学视域下的“故宫文化圈”

一、“文化圈”的理论溯源

关于“文化圈”的学术缘起，大约可以追溯到19世纪80年代，德国历史传播学派的理论体系。时任慕尼黑大学和莱比锡大学教授的弗里德里希·拉策尔（Friedrich Ratzel，1844–1904）[①]是关注地理视角下人类文化分布的先驱，他提出了“形式的评判标准”(Criterion of Form) 这一概念，认为两个或更多个博物馆中，物品形态或形式的所有特殊相似性都必定来自同一个渊源，都是由于传播才出现在被发现的地方的，尽管这些被发现的地点分布的地理距离十分遥远。[②]弗里德里希·拉策尔的主张推动了在历史地理视野下对文化传播的研究，其继任者则将理论研究推向系统和深入，逐渐形成了文化圈层理论。首先进行开拓性研究的正是弗里德里希·拉策尔的学生莱奥·弗罗贝纽斯（Leo Frobenius），他在19世纪末通过对非洲文化的研究，在《非洲文化的起源》（1898年）中提出了“文化圈”（Kulturkreis）的概念。莱奥·弗罗贝纽斯详细分析了西非文化圈的文化元素，发现了来自东南亚、印度、阿拉伯文化对西非本土文化的深刻影响，因此他认为文化并非孤立发展，而是通过传播和接

① ［德］弗里德里希·拉策尔，主要著作有《人类地理学》（两卷本，1882年、1891年）、《民族学》(1886至1888年，英译本名为《人类历史》）等。

② 夏建中．文化人类学理论学派：文化研究的历史[M]. 北京：中国人民大学出版社，1997.

触形成特定的文化区域。莱奥·弗罗贝纽斯按照地域影响又将西非文化圈分为四个文化层，从而基本形成了文化圈层理论的传统研究框架。而真正将“文化圈”做系统的理论与方法论述的是弗里茨·格雷布纳（Fritz Graebner）[①]。弗里茨·格雷布纳在其代表作《大洋洲的文化圈和文化层》中，第一次阐述了他的“文化圈”理论。弗里茨·格雷布纳将包括农业种植、渔业等生产方式，渔网、木板船、屋舍、篮子、棒槌、盾牌、乐器等生产生活用具，婚姻、结社、化妆舞蹈等风俗，灵魂崇拜、月亮神话、装饰符号等涵盖了物质文化和精神文化两方面的文化要素作为构成“文化圈”的基本单元。弗里茨·格雷布纳还提出了对“文化亲缘关系”鉴定的两条标准，即“形式标准”和“量的标准”。这两条标准后来又被奥地利学者威廉·施密特（Wilhelm Schimidt，1868–1954）继承和发展为“形式标准”“量的标准”“性质标准”“连续标准”和“关系程度标准”等五个衡量标准。20世纪上半叶，文化圈理论成为文化传播学派的核心思想之一。

但由于文化圈理论往往以民族或地理边界划分研究范畴，因此也遭到了学界的一些争议与挑战。例如，20世纪中期，功能主义学派的代表学者马林诺夫斯基（Bronislaw Malinowski）就认为，文化圈理论过于强调传播，忽视了文化内部的逻辑和功能。事实上，回顾“文化圈”概念从提出到使用的一百多年里我们可以发现，“文化圈”的概念始终强调的是文化要素的关联程度，而非地理空间的远近，只是通过地理概念对“圈”的范围加以描述。如果“圈”中某些文化要素构成的系统足够完整，那么以文化系统之名或其代表符号命名“文化圈”，不仅同样可以形成清晰的认知，也更有利于对文化的传播流动和功能演变进行综合研究。因此，“故宫文化圈”的概念应运而生。

二、“故宫文化圈”的构成要素

“故宫文化圈”概念的提出，第一次将以故宫文化为代表的文化要素的集合置于“文化圈”的主体地位，应该说是在“文化圈”概念下的一次对文化主体研究的创新。“故宫文化圈”是一个以北京故宫为核心，以同源性文化要素联系形成的兼具地域性、独立性和持续性的文化集合。

如果单就现存故宫的建筑实体来看，故宫就是一座城。而且这座城的内部有办公场所（三大殿、养心殿等）、有家属宿舍（东西六宫等）、有宗教设施（梵华楼等）、有水利工程（内金水河等）、有图书馆（昭仁殿等）、有学校（上书房等）、有医院（太医院等）、有工厂（造

① [德]弗里茨·格雷布纳，曾任德国科隆民族学博物馆馆长、波恩大学教授和科隆大学名誉教授，主要著作有《大洋洲的文化圈和文化层》（1905年）、《美拉尼西亚的弓文化及其亲属关系》（1908年）、《民族学方法论》（1911年）、《民族学》（1923年）等。

办处等）、有花园（御花园等）……可谓功能完备，应有尽有。多元的内容意味着多元的需求，加之故宫至高无上的地位，就形成了一个汇聚全国优秀文化的核心，将宫廷与京畿、河北、江南、江西、两广、西藏、新疆等地全部串联起来，钩织成网，聚丛成圈。因此，“故宫文化圈”不仅涵盖了宫廷内部的工艺、技术、艺术和学术，还在空间和时间的维度上对中国乃至世界文化产生了重要影响。“故宫文化圈”的形成是一个多层次、多维度的历史过程，涉及异地机构的设置、工匠的集结、技艺的传承与创新等方面。其历史过程和地理特征为宫廷文化的传播和深远影响提供了条件，而这些因素的互动与交融构成了“故宫文化圈”的多元性和持久性。

“故宫文化圈”的构成要素可以从其核心区域，即北京故宫本身及其对外辐射出的全国范围内的建筑文化丛、技艺文化丛、匠人文化丛、文物文化丛、美学文化丛等方面来看。

（一）故宫建筑文化丛

除北京故宫建筑之外，由皇家宫廷文化串联的建筑构成了“故宫文化圈”物质文化要素的重要内容，包括了沈阳故宫、台北故宫、承德避暑山庄等宫殿建筑，清东陵、清西陵等皇家陵寝建筑，北岳庙等祭祀建筑，景德镇御窑厂等外设机构，莲池行宫等驻跸之所等具有深厚历史底蕴的建筑遗产。它们在建筑风格、规格形制、布局设计、装饰艺术等方面均深受故宫影响，同时亦融入了各自地域、民族及时代的独特元素，构成了“故宫文化圈”独有的物质文化元素。

（二）故宫技艺文化丛

以宫廷所需的各类工艺品和建筑技艺为中心，形成了一个包括建筑师、工匠、画家等多学科参与的“文化圈”。故宫技艺不仅包括建筑本身的建筑风格和施工技艺，还涵盖了宫廷装饰、家具、文具等方面的工艺。这些技艺不

仅影响了宫廷艺术，还广泛影响了后来的民间艺术与工艺。

（三）故宫匠人文化丛

“故宫匠人文化圈”是指集中在故宫内部的技艺群体，这些匠人拥有高超的工艺技能，往往通过严格的选拔和训练，成为宫廷专门的工匠。例如，木工、漆工、金工、石工等，每一类工匠都有自己的专属团队，并依赖于严格的等级与规定。随着时间的推移，这些匠人不仅在宫廷中占据了重要地位，也对后代的匠人文化产生了深远影响。

（四）故宫文物文化丛

故宫是文物的保存中心，所有的宫廷艺术品和文物都在这里得到保管、展示和研究。宫廷中的文物收藏不仅包括皇帝的个人珍藏，还有许多通过外交、战争、商业等途径引进的文物。通过这些文物，宫廷文化不断积累与扩展，影响了后代的文物保护、鉴赏及历史研究。

（五）故宫美学文化丛

故宫不仅是宫廷的物质中心，也是文化艺术的审美中心。宫廷内的艺术创作严格遵循一定的审美规范，这些规范不仅体现在建筑、装饰、绘画等艺术创作中，还体现在生活日常中。例如，皇家对颜色、形态、布局的特殊审美追求形成了具有故宫特色的审美体系。这些审美标准通过官员、艺术家等传播到民间，影响了中国传统艺术及美学发展。

三、“故宫文化圈”形成的历史源流

从“故宫文化圈”形成的历史过程来看，早在辽金时期，北京就已经是北方的政治中心之一。而“盖因北宋靖康之变，汴京珍宝，多被金兵车载北去，高宗南渡，锐意收蓄，渐复旧观，洎元军攻取临安，又为元人运至大都，遂成厥后明清皇室收藏之根基”[①]。因此，故宫直接继承的文化典藏涵盖了宋、元、明、清四朝之旧度，自明永乐时期起，故宫真正成为中国古代政治权力的中心和象征，也在其后数百年间不断凝练、创造，成为中国传统艺术和文化集大成者的文化系统。从文化史的角度来看，故宫不仅是国家政治中心，更是文化和艺术的汇聚地。为了满足最高统治者对礼仪、制度、艺术和工艺的需求，建造故宫的材料来自全国各地，政府在全国范围内设立了许多专门的机构供应宫内生活，如织造局和御窑厂。宫廷内务府和工部不仅管理宫廷的日常事务，还负责选拔和培训工匠、艺术家，各地的技术人才通过官方渠道被召集至北京。

宫廷工艺的高度发达也自然离不开大规模的工匠集结。无论是建筑、家具、器物、文物的制作，还是宫廷艺术的创作，均依赖于各地工匠的专业技术。工匠们往往带着当地的传统技艺汇聚到故宫，进行各种精细的创作与制造。例如，徽州、苏州、景德镇等地的工匠凭借其在木工、漆器、瓷器等方面的精湛技艺，成为宫廷艺术的重要支撑。

随着中国的对外交流和丝绸之路的畅通，尤其是清朝时期，故宫成为中外文化交流的重要节点。通过丝绸之路、朝贡贸易等途径，世界各地的工艺、艺术品、技术进入故宫。

然而，故宫自建立至清朝灭亡，经历了多次的社会动荡和文化互动。但是经过长年累月的发展，许多宫廷技艺在一定程度上通过地方上的专门机构得以延续。清朝宫廷的手工业体系完备，许多技艺，如陶瓷、丝绸、刺绣等，原本是由专门的宫廷工匠在御厂或其他宫廷工坊中制作。清朝灭亡后，这些宫廷技艺仍然受到重视，部分技艺通过地方的支持得以延续和传承，其中最典型的例子就是景德镇的瓷器生产。清朝时期，景德镇御窑厂是皇宫用瓷的主要生产基地。民国时期，景德镇的瓷器生产继续保持了高质量的工艺传统。民国政府在景德镇建立了新式的陶瓷工厂，吸引了原御窑厂的工匠来参与生产，虽然工艺上有所改进和创新，但仍然保留了清朝时期的许多技术和审美。苏绣作为传统的宫廷技艺之一，清朝时期常用于皇室衣物和装饰。清朝灭亡后，苏绣仍然在江南地区得到传承，尤其是通过民间工艺师的努力，如南京等地曾在民间设立过一些类似苏绣厂或专门的技艺传承机构，将这一技艺继续发扬光大。除了景德镇瓷器和苏绣外，一些传统的宫廷工艺在民国时期亦得到了延续和改进。例如，清朝时期的御制金银器在民国时期仍有工匠使用古法制作，虽然工艺细节有所变化，但许多皇宫内的审美和技艺特征仍然得到了保留。故宫技艺的保留与传承的另一个重要方式是原宫廷工匠的传承。随着清朝的灭亡，许多原宫廷的工匠和技艺流散到了民间，

① 台北故宫博物院编，《故宫瓷器录（第一辑）·序》，1964年。

几经辗转最终得以传承至今，成为宝贵的非物质文化遗产。

总之，随着历史的变迁，众多宫廷技艺逐渐流散并影响到中国各地及海外的多个区域。所有宫廷技艺、工匠技艺、文物制作均以故宫为中心，通过对内的管理、对外的调配，形成了集中而高度专业化的文化圈层。如上所述，清朝灭亡之后，虽然这些技艺逐渐流散并影响到中国各地及海外的多个区域，但无论是在空间还是时间上的流散和发展，这些技艺都带有明显的宫廷风格，保留了传统的宫廷艺术形式，沉淀着故宫文化的特点，它们仍旧是一个文化脉系，而这些因素的互动与交融就构成了“故宫文化圈”。

四、“故宫文化圈”的地理特征

从地理视角来看，“故宫文化圈”的地域范畴不仅涵盖了中国大部分地区，特别是华北、江南、东北、西北等地，甚至还扩展到了东南亚及一些西方国家。按照其文化影响的深度和广度，大概可以分为以下几个重点地区。第一是京津冀地区。北京作为故宫的所在地，无论是宫殿建筑还是宫廷技艺，都是保留和传承最为丰富的地方。京津冀地区不仅建筑、机构等物质文化遗产保留最多，晚清众多宫廷匠人流出宫外，除外乡远归之外，仍有大部分留在了京津冀地区。因此皇家技艺在这一地区的传承最为丰富，“燕京八绝”便是典型代表。第二是江南及两广地区。明清两代曾在苏州、杭州、扬州等地设置织造局，丝绸织造、刺绣技艺的传承从未中断，还曾在江西景德镇设置御窑厂，至今景德镇仍是全国瓷器之都。此外，还有木雕及细致的家具制作等，都体现出“南工”的匠心独运。第三是东北地区。东北地区是清朝满族的发祥地，不仅有沈阳故宫等标志性遗存，还保留着萨满祭祀等满族精神信仰等重要文化内容。第四是川滇藏地区。川滇藏地区不仅通过茶马古道供奉深宫，清代的佛造像艺术还深受藏传佛教的影响。第五是新疆地区。宫廷美玉大多来自新疆和田，清代宫廷画师也多有新疆题材的画作，这些都印证着宫廷与新疆的文化关联。

以下简要从地方机构设置和技艺交流的角度介绍几个“故宫文化圈”辐射地域的典型代表。

（一）江西景德镇御窑厂

景德镇御窑厂堪称故宫的艺术宝库之源。数百年来，御窑厂以精湛工艺为故宫输送了无数精美瓷器，有大典礼器，也有赏玩雅物，既装点了宫殿，又赋予其尊贵气质。可以说，御窑厂是故宫文化的根基。景德镇御窑厂历史悠久，其发展历程跨越元、明、清三代。

元至元十五年（1278）年，元世祖忽必烈在景德镇设立浮梁瓷局，这是御窑厂的萌芽。其主要职责是为元朝皇室烧造御用瓷器，这一举措使得景德镇的瓷器生产开始受到官方的高度重视，也为后来御窑厂的发展奠定了基础。

明洪武二年（1369 年），明太祖朱元璋将浮梁瓷局改建为御器厂。清代时，御窑厂在景德镇的市区中心、珠山周围。据康熙朝《浮梁县志》卷首所录《景德镇图》窑厂大门匾额书“御器厂”可知，至少到清康熙二十一年(1682年)窑厂仍沿用着明代的旧名。清康熙二十一年后改称“御窑厂”，可视作是平定三藩之乱后重新开始烧造时御窑制度改革的内容之一。

明清时期，景德镇的瓷器逐渐成为皇家御用器物。特别是清代，乾隆尤其喜爱景德镇瓷器，他不仅亲自参与瓷器的设计，还推动了景德镇瓷器制作工艺的创新与改良，推动了青花瓷、粉彩瓷的出现与发展。下达烧制命令的是远在景德镇的窑场管理人员，其间存在着政治级别和空间距离造成的隔膜，为了有效并充分进行沟通，明清两朝政府不仅通过在景德镇设立窑场、派驻官员进行系统管理并传达皇帝或内务府的生产旨意，还通过颁布制瓷官样，窑场工匠照样生产的方法，实现具体的要求和生产意图。

官样作为清代御窑厂的烧造依据，其制作与颁布体现了人文情趣融入瓷器生产，这一过程与宫廷联系紧密。一方面，清朝统治者极为关注制瓷官样的制作，将自身对瓷器设计、绘制的想法注入其中。另一方面，清朝统治者甚至直接参与制瓷官样的设计与绘制，使得御窑瓷器从设计源头上就融入了皇家元素，不再仅由匠人主导，而是有了浓厚的皇家意趣，内务府的知识分子群体也一同参与官样制作与颁布流程，协助清朝统治者实现对御窑瓷器设计源头的把控。

宫廷对瓷器的需求非常讲究，要求瓷器不仅具备美观性，还要满足功能性，如茶具、酒器、文房四宝（文具）等。在这一背景下，景德镇的工艺技术不断得到提升，特别是在釉色、纹饰、造型等方面的精致细化。这些技艺通过满足宫廷的各种需求得到了持续发展，逐渐从宫廷的专用物品，转变为更广泛传播的艺术品。

清朝灭亡后，随着帝制的瓦解，原有的宫廷需求消失。尽管没有了宫廷的直接需求，景德镇的许多陶瓷工匠和瓷器制作坊依然坚守传统工艺，致力于宫廷技艺的传承。例如，宫廷瓷器上的纹饰，如龙纹、凤纹、花卉等，这些纹饰象征着权力、富贵和吉祥。景德镇瓷器中的这些元素至今还在一些传统工艺中得到延续。还有许多以清代宫廷瓷器为基础的技艺，如粉彩、描金、釉下彩等，仍然在景德镇的部分瓷器制作中得到了延续，形成了鲜明的宫廷技艺风格。

（二）宫廷织染局

在中国历史上，任何一代开国君主在以武力夺得皇位，政权稳定以后，第一要务就是建立各项制度。制度是国家机器正常运行，实施有效控制的法律保证。在政治、军事及有关国家统治与安全的根本性制度之外，对于物质产品的获取和生产同样是统治者必须解决的首要问题。就服饰而言，“衣冠为一代昭度”，衣冠服饰代表的是国家礼仪和社会等级制度，统治者的衣冠象征着至高无上的权力和威严。为了实现这一目标，在制定服饰制度的同时，用以体现社会等级、彰显帝王权威的特种服饰材料的生产，也就成为历代帝王登极之初迫切需要解决的现实问题。

在古代宫廷服饰的供给体系中，织染局扮演着不可或缺的关键角色，与统治者服装的制作、供应存在着千丝万缕的紧密联系。

清代的织染体系是在明代的既有基础之上，历经传承与变革逐步形成的，呈现出既有继承又有显著发展的态势。明代时，统治者在南都南京和北都北京两地皆设立了内织染局，其核心职责是专门负责织造供皇帝御用，以及宫廷日常所需的袍服、缎匹、绢帛等各类织物。此时，南京凭借其独特的技艺传承、丰富的工匠资源，以及发达的纺织产业基础，在御用龙袍这一高端、精细且极具象征意义的产品主要生产流程中，担当起了至关重要的角色，成为明代皇家织染体系中的关键力量。

清朝建立后，织染机构的布局有所调整，仅在北京一地设立内织染局，此内织染局乃是依托明代北京内织染局的既有架构，经过系统恢复与精心重建而成，在很大程度上延续了明代北京内织染局的部分职能与工艺传统。与此同时，清朝统治者对南方织染机构进行了大刀阔斧的改革，将明代位于南京的内织染局改制为江宁织造，使之与苏州织造、杭州织造共同成为在清代声名远扬的江南三大织造体系，诚如史料所记载：“本朝织造，在京有内织染局，在外江宁、苏州、杭州有织造局。”

清代时对江南三大织造，以及北京内织染局推行统一的管理制度体系，力求从组织架构、人员调配、质量管控等多方面实现标准化、规范化。然而，鉴于各地在纺织工艺传承、特色技艺专长、原材料供应渠道及品质优势等诸多方面存在显著差异，在实际规划生产各类具体

产品时，江南三大织造与北京内织染局之间充分遵循因地制宜的原则，依据各自所长进行精细且明确的分工，以此确保各地织染机构能够充分发挥其独特优势，进而高效、精准地保障宫廷服饰及各类织物的稳定供应，满足宫廷的多元需求。

清朝皇家织造系统的发展演变与当时的政治局势、宫廷需求紧密相连，有着清晰的时间脉络。

清初，局势初定之际，百废待兴，皇家织造系统亟待恢复，以满足宫廷对织物的迫切需求。最先恢复运转的是北京内织染局和江宁局，二者承担起“上用缎匹”这一当务之急的织造重任，为宫廷及时供应所需织物，保障基本用度。

清顺治三年（1646年）成为一个关键转折点，此时南明政府覆亡，南方局势趋于稳定，苏州织局和杭州织局得以恢复。这使得全国织造中心顺势转移至江南，江宁、苏州、杭州三处织造开始联手，共同担负起皇室御用和官用缎匹的生产任务，形成了江南织造的强大合力，为宫廷源源不断地输送各类精美缎匹。至此，江宁、苏州、杭州三处织造合为一体，与北京的内织染局共同构筑起清代完整的皇家织造系统基本框架。

到了清康熙初年，皇家织造系统正式归由内务府统管。在这一管理模式下，无论是大臣的选拔任用，还是经费的调配支出，均由专门负责皇帝事务的内务府一手操办。如此一来，皇家织造系统得以绕开烦冗的官僚机制，直接听命于皇帝指挥，“皇家织造”的名号愈发名副其实，高效精准地服务于宫廷。

清乾隆十六年(1751年)，乾隆将内织染局从地安门内迁到了位于京城西北郊的清漪园。清咸丰十年(1860年)，清漪园遭英法联军焚掠。清光绪十四年(1888年)，慈禧重修清漪园，改清漪园为颐和园，原内织染局旧址改为水师学堂。慈禧在改建清漪园的同时，又在西苑内重新规划了绮华馆，“又于御园造如意庄以观稼穑，设绮华馆以劝农桑”。

清代内织染局的工匠主要由南匠和京匠组成。南匠通常是由江南织造选送的身怀绝技的匠人，他们的主要职责是传授技艺，同时承担内织染局新样织物的创新和织造。京匠主要来自内务府上三旗，在学习各种织造技艺的同时，承担着普通织物的织造和辅助工作。就内织染局而言，从乾隆到慈禧，从养蚕缫丝到挑花织造，各个时期、各道工序的能工巧匠几乎都是由江南织造选送的。

总之，对南匠和京匠的审慎挑选的结果就是宫廷集中了全国各民族、各地区最优秀的工匠，带来了最高水平的个人技艺，这些代表着一个时代地方最高技艺的汇聚组成了宫廷技艺。

（三）扬州装修技艺

宫廷建筑是在民间建筑的基础上总结发展而来，建筑的设计、制作、材料、人力等都是直接或间接地取材于民间。

清朝中期，宫廷建筑在建筑装饰方面极大地发展了地方特征，各地的建筑及其装饰特征十分明显。例如，宁寿宫花园建筑的装修就运用了扬州地方装修元素和扬州工匠的装修技术，以此来表现宫廷装修的艺术品位。宫廷匠师按照统治者的要求设计装修式样，扬州工匠完成具体的制作工作。

清乾隆时期将宫廷建筑装修交于地方承办，吸收地方装修艺术和技术，大量的民间手工艺传入宫廷，推动了皇宫装修艺术的发展。起初，吸收地方工匠人才的目的不是为了宫廷技术与地方工艺的交流，而是利用至高无上的皇权占有地方技术，运用先进的地方技术为皇室服务，体现了“移天缩地在君怀”的统治意识。然而，地方丰富的工艺品种和精湛的技术进入皇宫后，对皇宫的建筑装修技术的丰富和发展起到极大的促进作用。例如，扬州的木雕技艺、壁画等都在宫廷装修中占据了重要地位。同时，皇宫的装修风格和技术水准也影响了民间的建筑，从而将宫廷风格渗透至民间。

以宁寿宫花园为例，整个装修制作过程是在清代各级行政体制和地方商人、工匠的合作下完成的。两淮盐运使负责监督，扬州商人参与，扬州工匠负责制作。在清朝，技术的双向交流是不可能有平等而言的，皇室无条件地索取地方先进的工艺技术，而对于皇宫技术的外传则是有严格的限制。内务府发往地方的画样、烫样在任务完成之后一概收回，不许外流。然而，皇宫装修由扬州工匠承做，扬州工匠在制

作过程中掌握了宫廷样式，必然会对地方工艺水平的提高起到积极的促进作用。无论皇室出于怎样的目的和采用何种方式控制技术，在地方工匠看来，能够承接皇宫的内檐装修仍是一件很荣耀的事情。乾隆朝中后期，扬州地区的内檐装修工艺技术继续发展，达到全国先进水准。至清嘉庆时期，两淮地区继续奉命承办皇宫装修，从而使得扬州的工匠可以更多接触到宫廷风格。

扬州的宫廷装修技艺并没有因时间的推移而消失，反而在不断的学习中得到了保留与发展。清朝灭亡后，世代相传的扬州工匠们依旧保留着传统的宫廷制作工艺。我们如今看到的扬州园林之所以与江南园林婉约轻盈的风格有所不同，正是因为建造者模拟了皇家园林的手法，因此带有高敞华丽的宫廷风格。

（四）苏州玉雕技艺

苏州是闻名全国的手工业城市，玉器雕刻的历史十分悠久。早在宋代，苏州玉器业就已经十分发达，成为玉器的重要产地。北宋崇宁年间，朝廷在苏州设立了造作局，主要职责是“造作器用，诸牙角、犀玉、金银、竹藤、装画、糊抹雕刻、织绣之工”，更有玉匠在局内服役，专为朝廷制作玉器，供皇室享用。

明朝末年，苏州玉工通过自己的技术优势而获得高利的现象颇为时人注意，“近日吴中工巧，模拟汉宋螭玦钩环，用苍黄、杂色、边皮、葱玉或带淡墨色玉，如式琢成伪乱古制，每得高值”。在那个社会地位低下的时代，这些工匠能够让自己的作品“每得高值”，生活无忧，已属不易，甚至和缙绅士大夫平起平坐，乃至影响宫廷，靠的就是他们手中的技术优势，这种技术优势到清代依旧如此。

清乾隆时期，曾有造办处官员向乾隆上奏折说道：“奴才等伏思，新制册、宝奉为永远尊藏，字画款式必须镌刻工整，惟精练玉工方能胜任，若即在京募选匠人，恐刻手草率，不能合式。倘将册宝送交苏州织造遴匠镌刻，似较迅速，但刻成之后若照寻常交办事件赍送来京，殊于体制未协，相应请旨，敕下苏州织造全德在苏州玉工内精选好手八人，即速送京，令其敬谨承办，俟镌刻全竣后仍令回苏，庶镌造不致需时而办理益昭慎重。”这说明当时苏州玉工的技术优势已相当突出，得到了各方的认同，是宫廷玉器制作不可或缺的主要力量。

苏州玉工的技术优势和乾隆的关注，正是乾隆朝时大量苏州玉工被召北上服务于宫廷的直接动因，也是苏州织造招募本地玉工承接宫廷玉器制作任务的重要原因。

宫廷玉作系统的玉工包括由苏州织造选送到宫廷造办处各作中的苏州玉工，以及招募到苏州织造内为宫廷制作玉器活计的苏州本地玉工。这些玉工的管理都通过内务府系统的造办处或苏州织造，其管理者专门秉承皇帝的旨意行事。玉工制作的玉器都是御用品，在玉器制作的过程中，玉工与皇帝通过各种“样”进行沟通和交流，使宫廷和皇帝的审美品位及知识准确地传达给玉工，再通过玉工的技术手段在玉器上表现出来。清乾隆时期，被选送到造办处的地方玉工大都来自苏州。他们在担当宫廷玉器制作重要角色的同时，还通过日常的活动将所掌握的制玉技术逐渐渗透到宫廷，甚至是乾隆本人，并有组织地为宫廷进行技术培训，为造办处玉器制作提供了技术保障。

清乾隆时期，苏州玉匠的征调都是乾隆亲自下达谕旨或经过他批准的，因此乾隆对供职于造办处的苏州玉匠的情况非常熟悉。在制作玉器活计时，乾隆会根据每位玉匠的技术特长，把不同的活计指名安排给他认为最合适的玉匠来完成。在活计档中，经常会有苏州玉匠被指名承做某项活计的记载。至于乾隆时期的宫廷玉器制作，更多的是乾隆个人对玉器的看法和理解，一般都是他所喜爱和偏重的具有宫廷气象的玉器。乾隆所喜爱的玉器种类和他对玉器的关注点与民间有很大不同，这是远离宫廷的苏州民间玉工很难体会到的。因而只有在承旨办事的管理者的监督设计下，苏州民间的玉工才能够很好地领会所谓的“内廷恭造之式”，理解所谓的“规矩”，从而制作出符合宫廷审美的玉器，这些玉器自然也就留下了宫廷品位的印记。在这一过程中，宫廷审美和乾隆的个人喜好使苏州的制玉技术发生了微妙的变化，从而间接地使其技术重心产生偏移。例如，乾隆一生喜欢吟诗作文，仅关于玉器的诗作即达八百余首，这些诗作都被要求镌刻到相应的玉器上，有的还反复镌刻在不止一件玉器上。更甚者，乾隆的大量长篇文章也被刻在玉片上，制成玉册，有时一篇文章制成的玉册竟多达二三十件。文字镌刻量之大空前绝后，这种情况使得宫廷对刻字玉匠的需求量大增。清乾隆时期，从苏州征调到宫廷的玉工中刻字玉匠占了相当大的比重。同时，大量需刻字的玉器也被送到苏州织造镌刻。这无疑加速了玉器制作中琢制和刻字的分工，文字镌刻成为当时玉器制作中极为重要的工种，刻字玉匠成为苏州玉匠极重要的组成部分，这在过去是从来没有过的现象。

宫廷玉器的制作过程也是宫廷和乾隆以不同的渠道和手段对苏州玉工施以影响，使他们充分施展自己的技术才能，达到技术与宫廷审美的同步发展、高度统一和谐的过程。技术优势使得苏州玉匠能够将宫廷和乾隆的审美意趣准确地表现出来，成就了这一时期宫廷玉器的繁荣。

除了宫廷的苏州玉匠外，承接宫廷玉器制作任务时间最早、制作量最大的还有苏州织造。苏州织造即苏州织造局，是清宫内务府设在江南的三个专门织造皇室所用衣料、布匹的机构

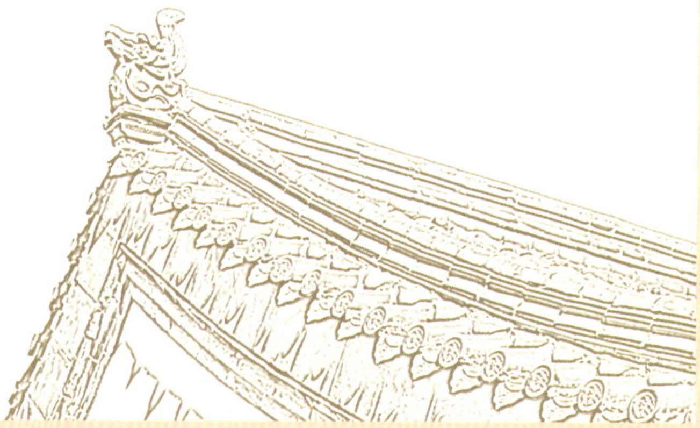

之一。到清乾隆时期，苏州织造为宫廷承担的任务越来越多，而宫廷玉器的制作则是其中十分重要的部分。远在北京的宫廷与苏州织造间路途遥远，玉材和成品的运输是必须解决的问题。通常的情况是由苏州织造在北京的坐京家人接收样稿和玉料，然后随身带回苏州制作。当然，有时样稿和玉料也会直接交给苏州织造官带回承做。

总之，众多优秀的苏州玉工带着他们的精湛技艺来到宫廷，对宫廷制玉技术和相关人员产生了深远影响。随着苏州玉工的北上，苏州成熟的制玉技术和相关知识也随着苏州玉工传入了宫廷之中。在宫廷，各种制玉技术得到了充分融合，提高了北京故宫的制玉技术水平，为造办处的玉器制作提供了技术保障，使得宫廷成为一个制玉技术汇集、交流、传播的平台和中心。

苏州玉工被招募到北京宫廷，凭借的是他们自身的技术优势，这种技术优势是无法在短时间内被取代和转移的，只有通过匠人迁移的方式才能加以解决。苏州玉工在宫廷中通过技术咨询、培训等方式传播他们所拥有的技术和对技术的感知，同时在苏州的玉器工匠也吸收了宫廷的玉器制作技巧，不仅注重雕刻的精细程度，还注重玉器的艺术表现和装饰性，宫廷玉器上常见的精美花卉、动物、人物形象等元素也在苏州玉器中得到了传承。

苏州本地的玉匠在承做宫廷器物的同时，许多技艺通过代代相传、言传身教的方式在地方上继续保留和传承。许多苏州玉器的著名匠师都曾受到过宫廷艺术的熏陶或学习过宫廷技艺，他们的作品中还在延续和发扬着宫廷玉器的制作技艺。

（五）珐琅工艺

珐琅工艺，一言以蔽之，就是在金属胎上涂抹玻璃质釉料的方法。这原本是西洋的手艺，经过海上丝绸之路传入中国，与中国文化交融、重构，焕发出了新的生机。珐琅工艺的关键在于金属加工技术和玻璃材料。珐琅按加工工艺可划分为掐丝珐琅、錾胎珐琅、画珐琅等。掐丝珐琅是先用金属丝在器物上装饰出纹样，再在纹样隔开的空间里涂抹珐琅粉。錾胎珐琅则是在器物上刻出凹陷处，再在凹槽里填珐琅。画珐琅则着重于一个“画”字，用珐琅粉代替颜料，沾笔绘图。

世界上最早的珐琅制品可追溯到地中海沿岸的塞浦路斯，当地古墓中出土的六枚金戒指都带有珐琅装饰。之后，通过考古文物便能发现珐琅曾在地中海、两河流域和埃及大放异彩。尤其是埃及，在棺木、胸甲、耳环、臂饰等各种小物品的表面上都可以找到富丽堂皇的珐琅。至公元前1世纪，埃及陷于战乱，玻璃制造水平下降，珐琅的制作中心便从埃及转移到了地中海。与埃及的富丽堂皇不同，罗马和拜占庭都在珐琅上烙印了自己的品位。

其实，中国很早便有了釉料和金属加工技术。虽然比埃及和两河流域较晚，但商周时期的中国人也在长期烧陶的过程中发现了玻璃质釉料，甚至玻璃本身也被镶嵌于越王剑的剑柄上。金属镶嵌更是见于夏代，二里头出土的十字纹方钺和兽面纹饰牌都镶嵌着绿松石。西方的镶嵌工艺也随着汉代丝绸之路的畅通而流入中国。只不过当时中国没能掌握珐琅工艺，就像西方没人能学会制造瓷器一样。东西方在不同领域的努力，为后来的融合创造了条件。

珐琅工艺大致是在元明时期传入中国，虽然日本正仓院收藏的黄金琉璃钿背十二棱镜似乎显示中国在唐代时就已掌握了珐琅工艺，不过这是孤证，学界还不敢妄下定论。多数人认为，珐琅工艺起始于忽必烈西征，军队在掳掠了大量工匠回来的同时，将珐琅手艺也一并带了过来。其中，部分工匠很早就通过茶马古道学会了西方人的工艺，因此被送往北京制作细润可爱的珐琅酒盏。

明初的一本文物鉴赏书《格古要论》提到了“大食窑”和“拂郎嵌”。“大食”指的是阿拉伯，其工艺是掐丝珐琅。“拂郎”指的是拜占庭，其工艺是錾胎珐琅。由此可见，元代时的中外交流已经对两种主要的珐琅工艺有所引进，并且和中国特有的瓷文化相结合。明代时，珐琅工艺的发展进入了新阶段。明宣德时期，御用监成为官方制作珐琅器的机构，产品器形多样，纹饰丰富。明景泰年间，掐丝珐琅达到很高的艺术水准，“景泰蓝”之名由此而来，其造型端庄、构图流畅、釉色明艳。景泰蓝进一步将中国文化融入了珐琅制作工艺之中，使得一些全新的纹饰应运而生，带有文人意趣的山水、花鸟、人物等极大地丰富了珐琅图案。到了明末清初，随着西洋画法的传入，一些西洋造型也出现在了珐琅瓷上。

清康熙朝时成立了造办处，下设珐琅作，

规模较大，不仅掐丝珐琅继续发展，还出现了画珐琅，极大地丰富了珐琅工艺种类。清康熙朝晚期，造办处成功烧制了金属胎（铜、金）、玻璃胎和瓷胎画珐琅。画珐琅技术在清雍正朝进一步完善，并完成了珐琅料与技术人员的本土化。

雍正基于自身的审美情趣，对器物的色彩、造型、纹饰、设计等提出了具体的要求，这也直接影响了画珐琅的表现形式和品位。综观清雍正朝的画珐琅，其造型优美、色彩典雅，表面纹饰更是达到了诗、书、画的完美结合。除了画珐琅技术本身的进步之外，这与雍正的品位和书画家的直接参与也有很大的关系。雍正对技术高超的工匠都会特别关注，并经常指派某一工匠具体承担某道工序。与此同时，清宫造办处画珐琅的烧制实践还促进了广东地区外销珐琅产业宫画珐琅的发展。

清乾隆时期，掐丝珐琅迎来大繁荣，制作数量可观，种类涵盖宫廷典章用品、佛堂用品、生活用品等，图案装饰除传统元素外，还融入了山水、花鸟、人物等题材，此时的广东画珐琅成为当地行销欧洲的商品之一。由于画珐琅在造办处的烧制实践，以及玻璃厂珐琅料的烧制成功，景德镇凭借其丰富而高超的瓷器烧造经验和技术，创烧了精美绝伦的珐琅彩瓷器，远胜当时欧洲的同类产品。

五、再叙“故宫文化圈”视域下的河北

在众多的辐射区域当中，河北的地位尤为重要。从入京的工匠到清朝的皇家建筑，再到“燕京八绝”的技艺传承，河北无疑是中国古代宫廷文化的一个重要延伸与传承基地。北京自明永乐年间定都以来，逐步发展为全国的政治、文化中心。河北作为明清两朝的门户，既是京师的“后花园”，也是朝廷的经济和文化支持地。

从历史的角度来看，明清以来，大量宫廷匠人来自河北，又在晚清乱世流落河北民间，他们在宫廷文化的传承和发扬中占据了举足轻重的地位。

燕赵文化受京都文化影响之巨大，全国各地均莫能及。河北作为直属中央的京畿腹地，全国各地域文化的聚合、交流，以及北京向全国各地的文化辐射都必经河北大地。因此，河北受京都文化的熏染和影响，在时间上要早于全国其他地区，在程度上更深于全国其他地区。

从物质遗产角度来看，河北的承德避暑山庄作为清代皇家园林和建筑艺术的代表之一，是“故宫文化圈”的重要组成部分。从清康熙朝至咸丰朝，皇帝每年都会在承德避暑山庄居住长达半年之久，这里实际上成了清代除北京外的第二个政治、文化中心。不仅承德避暑山庄的建筑风格汲取了宫廷建筑的精髓，河北的清东陵和清西陵等皇家陵寝

群作为清朝的帝王葬地，也是故宫文化的重要延续。清东陵和清西陵这些建筑群所见的工艺、雕塑及园林设计，都显示了河北与北京宫廷文化深刻的互动与传承。

从非物质遗产角度来看，瓷器、珐琅、“燕京八绝”等都是河北对宫廷技艺的继承。河北漆器工匠为宫廷制作了大量精美的漆器，涵盖了宫廷器具、家具、屏风、装饰品等。漆器的制作不仅讲究工艺，还注重象征意义，如龙凤图案、福禄寿喜等吉祥符号，展现了宫廷艺术的独特魅力。如今，河北的漆器工艺仍能看出传统的宫廷工艺技巧。不仅如此，河北的工艺技艺，如木雕、瓷器、刺绣等，都还保持着传统的工艺流程，继续保留着宫廷技艺的精髓。

“故宫文化圈”是一个在历史长河中多元文化交汇、融合、传承的产物，其深刻的历史意义、丰富的文化内容，以及在历史和地理上形成的广泛影响，使其成为中国文化中的一座灯塔，至今仍在影响着中国乃至全球对中华文化的认知与研究。而河北作为“故宫文化圈”辐射中最典型的地域，无疑是中国古代宫廷文化的一个重要延伸基地，河北也自然而然地成为宫廷艺术的标杆之一。在这种背景下，河北与故宫文化的关系日益紧密，形成了一个物质文化遗产与非物质文化遗产交织的“文化圈”，与北京的宫廷文化相辅相成。

河北作为“故宫文化圈”的核心部分，其与北京的历史渊源和文化互动，使其成为中国古代宫廷文化的一个重要承载地。无论是工艺技艺的传承，还是皇家建筑遗存的保存，河北都在这片历史的沃土上形成了与故宫文化深刻交融的独特文化景观。希望通过对“故宫文化圈”所辐射的河北地区文化的深入研究，我们能够更好地理解这一地区在中国历史中的重要地位，也能够为保护和传承这一珍贵文化遗产提供新的思路和视角。这是“故宫文化圈”系列研究的缘起，也是本书作为该系列的第一部作品（《丹宸永固600年——故宫文化圈（河北卷）》）的缘起所在。

遗产篇

第二章 美轮美奂 ——“故宫文化圈”里的世界遗产

文化遗产是人类先辈遗留下来的有形或无形的遗存，具有整体性、原真性、传承性等属性，历史价值、人文价值、财富价值和科学价值巨大，既包含以物质形态存在的物质文化遗产，也有以非物质形式延续下来的非物质文化遗产。我国的物质文化遗产是从古代留存至今的实物遗存，是我们了解中国古代社会最直接、最有力的资料，既是中华民族的珍宝，又是全人类共同的财富。

处于“故宫文化圈”的河北省凭借着与北京地缘相接、文脉相同的优势，在省内各处保留了众多物质文化遗产，如承德避暑山庄、保定易县清西陵、唐山遵化市清东陵、保定市莲池书院、莲池行宫、直隶总督署等。这些珍贵的物质文化遗产对于丰富“故宫文化圈”的文化内涵，延伸“故宫文化圈”的发展脉络，形成“故宫文化圈”的独特风格意义重大。

一、承德避暑山庄

承德避暑山庄，又名承德离宫或热河行宫，位于河北省承德市中心北部，武烈河西岸一带狭长的谷地上，是清代皇帝夏天避暑和处理政务的场所，建于1703年，历经清代的康熙、雍正、乾隆三朝，耗时89年建成。1961年3月4日，承德避暑山庄被公布为第一批全国重点文物保护单位，与同时公布的颐和园、拙政园、留园并称为中国四大名园。1994年12月，承德避暑山庄被列入《世界遗产名录》。

承德避暑山庄以朴素淡雅的山村野趣为格调，取自然山水之本色，吸收江南塞北之风光，成为中国现存占地面积最大的古代帝王宫苑。

承德避暑山庄——白鸿兴摄

承德避暑山庄包含宫殿区、湖泊区、平原区、山峦区等四大部分，整个山庄东南多水少山，西北多山少水，是我国自然地貌的缩影。承德避暑山庄不仅是我国园林史上一个辉煌的里程碑，更是中国古典园林艺术的杰作，是中国古典园林之最高范例。

承德避暑山庄的宫殿区位于山庄的南端，是皇帝行使权力、居住、读书和娱乐的场所，这一区域珍藏着两万余件皇帝曾用过的陈设品和生活用品。承德避暑山庄的湖泊区、平原区、山峦区借助自然和野趣的风景，形成了东南湖区、西北山区和东北草原的布局，这些区域共同构成了我国版图的缩影。承德避暑山庄这座清代皇帝的夏宫，以多种传统手法营造了120多组建筑，融汇了江南水乡和北方草原的特色，成为中国皇家园林艺术荟萃的典范。《园冶》一书中评价承德避暑山庄各处景观“相地合宜，构园得体”。

承德避暑山庄周围的寺庙有博仁寺、博善寺、普乐寺、安远庙、普宁寺、普佑寺、广缘寺、须弥福寿之庙、普陀宗乘之庙、广安寺、罗汉堂、殊像寺等，12座金碧辉煌、雄伟壮观的喇嘛寺庙群组环列在山庄外东部和北部的山麓上，共占地47.2万平方米。每处寺庙都像一座丰碑，记载着清朝统一和团结的历史，这也是清代皇帝处理民族关系的重要举措之一。这些寺庙的

春日避暑山庄——白鸿兴摄

建筑风格将汉、藏文化艺术融于一体，寺庙殿堂中完好地保存和供奉着精美的佛像、法器等近万件，共同构成了18世纪我国古代建筑富于融合性和创造性的杰作。承德避暑山庄及周围寺庙是一个紧密关联的有机整体，同时又具有不同风格的强烈对比，承德避暑山庄朴素淡雅，而周围寺庙则是金碧辉煌。

由于受政治因素的影响，承德避暑山庄的选址相较于传统的造园选址有些例外，但热河确实是一块风水宝地。北方气候干燥，满族皇族对于京城的气候早已抱怨纷纷，以致不断在紫禁城外寻找着可以避暑的安居之地。整个华北平原处于温带大陆性季风型山地气候区，四季分明，夏季炎热，冬季寒冷，而承德位于内蒙古高原与华北平原的过渡带，四面环山，冬季时阻滞了来自内蒙古高原寒流的袭击，温度要高于同纬度其他地区10摄氏度左右，夏季凉爽，雨量集中，平均温度较北京低2摄氏度左右，且昼夜温差较大，气候条件非常适合自东北而下的满族皇族。

承德避暑山庄的兴建并非康熙皇帝闲暇之余的一晌兴致，对于这位雄韬伟略、胸中谋策万千的帝王来说，连年的军事支出，导致社会百废待兴，千思百虑的忧民政策才使得社会状况稍有好转，因此他并不会以游乐为第一目的大肆铺张修建园林。乾隆皇帝曾说：我皇祖建

全景航拍避暑山庄——胡春芳摄

此山庄于塞外，非为一己之豫游，盖贻万世之缔构也。清康熙四十七年（1708 年），张玉书曾和一些大臣们到热河行宫进行游览，在他的《扈从赐游记》中记载，当时的热河行宫只有十六胜景，即澄波叠翠、长虹饮练、暖流暄波、芝径云堤、双湖夹镜、万壑松风、西岭晨霞、锤峰落照、芳渚临流、曲水荷风、南山积雪、梨花伴月、金莲映日、莺啭乔木、石矶观鱼、甫田丛樾。由此可以判断，当时整个园林的布局是围绕水池，以如意湖为中心，康熙居住在此处理政务，非常利于安全警戒。由此可见，当时的园林并非以“豫游”为目的而建造。根据当时的社会背景及社会活动来分析，修建承德避暑山庄的目的主要有以下几个方面。

（一）皇族秋狝的场所

木兰秋狝并非一般意义上的皇族狩猎活动，从活动的频率、规模即可看出，清初几代帝王对其非常重视。用现代的话语解释，当时的秋狝活动等同于进行大型的军事演习，以满族的传统围猎活动，振作八旗军队的士气，同时检阅自己军队的实力，震慑蒙古王公。继而通过接见、宴赏、联姻等手段，恩威并施，达到监督并强化对蒙古的行政管理，巩固清王朝的统治之业，从而实现“备边防，和内外之心，成巩固之业”。

冬日避暑山庄——胡春芳摄

（二）政治军事的需要

承德的地理位置具有极其重要的军事价值，柳德恭曾在《滦阳录》中分析，“窃观热河形势，北压蒙古，右引回回，左通辽沈，南制天下，此康熙皇帝之苦心，而其曰‘避暑山庄’者，特讳之也”。自春秋战国以来，历代统治者在承德地区随形就势，修建了许多应用于战争的建筑，这一点通过在承德境内发现的秦、汉、金、明各代长城即可验证。承德的西北部，大兴安岭山脉与潢水水系为承德提供了天然屏障，不仅可以阻挡蒙古和沙俄的入侵，还可以防沙固尘。承德的东部有松岭、滦河水系，以及历史上诸代帝王所建的长城。同时，七老图山脉立于承德中部，形成了“第二道防线”，此处进可窥视京津，退可凭险自守，清代帝王深切地意识到此处“明之失策，莫过于放弃热河”。1860年，英法联军进攻北京，咸丰皇帝率领亲近朝臣逃到避暑山庄避难，虽为兴衰之败笔，却足可见在清代帝王心中避暑山庄的军事重要性。

（三）维护民族和睦团结

清朝对于蒙古族和其他少数民族实施的民族政策在历朝历代中较为特殊。在处理民族事务方面，承德避暑山庄为清代帝王与其他少数民族王公的见面活动提供了一个广阔的平台，为维护民族和睦团结发挥了重要作用。

出于种种目的而建造的承德避暑山庄不仅在当时发挥了重要作用，如今还具有极其重要

全景航拍避暑山庄——胡春芳摄

的文化意义、生态价值和城市意义。

在特定历史条件下建成的承德避暑山庄是清王朝统治下，从民族动乱到社会繁荣大背景下的产物，记载着清王朝的兴衰历史，对于研究清代历史意义重大。

承德避暑山庄由于丰富的历史内涵，以及内部大量的自然植被、景观造景、古典建筑而成为教育教学的最佳课本。作为诸多高校的实践基地，承德避暑山庄为现代园林专业的学生和设计师提供了最好的课堂（李艳萍和张义勇，2009 年）。国家清史编纂委员会主任、著名历史学家戴逸曾在 20 多年前就提出了建立“避暑山庄学”（杨守勇，2008 年），以学科的条件要求，对这座文化瑰宝园林进行更为系统的研究探讨。

承德避暑山庄内的自然植被提供了一座天然屏障，炎炎夏日，山庄内的温度可以比市区低 3 至 5 摄氏度，成为当地市民很好的避暑胜地（高俊虎和佟淑香，1988 年）。除了避暑，山庄内外大量的植被还起到了净化空气的作用，当 2013 年河北地区处于雾霾影响区，多市空气污染指数已超 500 上限时，承德地区仅为轻度污染。这些丰富的自然植被和植物生态群落不仅为山庄增添了美丽的风景，还为研究当地的本土植物，以及清代植物的种植和栽培应用提供了大量可靠的数据，生态价值巨大。

承德是一座先有园林、后建城市的城市。多年来，承德避暑山庄作为旅游景观吸引着无数游人、学者的到来，不仅带动了城市的发展，还刺激了经济的增长，甚至影响了承德这座历

秋日避暑山庄——白鸿兴摄

雨后避暑山庄——白鸿兴摄

史古城的城市风格，如承德在进行市区规划时，更多地考虑古典园林造景技法的应用，致力于打造一座“塞外江南”的美丽城市。2012年4月，中共承德市委在关于加快建设文化强市的意见中提出：“以‘避暑山庄·和合承德’城市文化理念为品牌，全面提升承德国际旅游城市形象；以大避暑山庄文化为背景，着力打造具有世界影响力的承德人文品牌；以满足人民群众文化需求为根本，切实提高社会公共文化服务能力；以建设国际旅游城市为目标，大力发展文化旅游服务产业，推动我市由文化资源大市向文化强市转变。”

二、清代皇家陵寝

清代宫廷文化涵盖建筑、艺术、文学等多个方面，陵寝建筑更是清代宫廷文化中重要的一部分。清代帝陵建筑规模宏大，布局严谨精美，既融合了传统皇家陵墓设计风格，又加入了独属清代皇家审美的设计理念，展示了清代宫廷文化的繁荣和典雅。

（一）清东陵

清东陵位于河北省唐山市遵化市西北约30公里处，西距北京市区约125公里，占地约80平方公里。清东陵于清顺治十八年（1661

清东陵建筑景观——郭宝强摄

年）开始修建，历时247年，陆续建成217座宫殿牌楼，组成大小15座陵园。陵区长约125公里、宽约20公里，埋葬着5位皇帝、15位皇后、136位妃嫔、3位阿哥、2位公主，共161人，是我国现存规模最宏大、体系最完整、布局最得体的帝王陵墓建筑群，是清代皇家陵园体系的重要组成部分，也是中国两千多年陵寝史上最后一个辉煌时期的典范。

1961年，清东陵被列入第一批全国重点文物保护单位。2000年11月，清东陵被列入《世界遗产名录》。2001年1月，清东陵被国家旅游局评为全国首批4A级旅游景区。2015年10月，清东陵被国家旅游局评为国家5A级旅游景区。

1．布局结构

入关第一帝世祖顺治皇帝的孝陵位于南起金星山、北达昌瑞山主峰的中轴线上，其余的皇帝陵寝则以孝陵为中轴线，按照居中为尊、长幼有序、尊卑有别的传统观念，依山势在孝陵的两侧呈扇形东西排列开来。各陵寝按规制营建了一系列建筑，总体布局为前朝后寝，“百尺为形，千尺为势”的审美思想贯穿于每一座陵寝建筑之中。

孝陵之左为圣祖康熙皇帝的景陵，次左为穆宗同治皇帝的惠陵。孝陵之右为高宗乾隆皇帝的裕陵，次右为文宗咸丰皇帝的定陵。总体

顺治皇帝的孝陵——郭宝强摄

形成儿孙陪侍父祖的格局，凸显了长者为尊的伦理观念。

皇后陵和妃园寝都建在本朝皇帝陵的旁边，表明了它们之间的主从、隶属关系。皇后陵的神道都与本朝皇帝陵的神道相接，而各皇帝陵的神道又都与陵区中心轴线上的孝陵神道相接，从而形成了一个庞大的枝状系。

2. 建筑序列

清东陵的陵寝均由宫墙、隆恩殿、配殿、方城、明楼及宝顶等建筑构成。其中，方城明楼为各陵园最高的建筑物，内立石碑，碑上以汉、满、蒙等三种文字刻写墓主的谥号。方城明楼之后为宝顶，其下方是停放灵柩的地宫。

孝陵以金星山为朝山（陵墓正前方所对之山），以影壁山为案山（陵墓与朝山之间的小山），以昌瑞山为靠山（陵墓后靠之山），三山的连线即为孝陵建筑的轴线。金星山与昌瑞山之间的距离长逾 8 公里，营造者在此设置了一条长约 6 公里的神路（专供棺椁、神牌通过的甬路），将自石牌坊（用石料构筑的牌楼，是陵区入口的标志物）至宝顶（地宫之上的封土）的几十座建筑贯穿在一起，并依山川形势分成了 3 个区段。一是石牌坊到影壁山间长约 1.5 公里的区段，在这个区段内配置了宽大的石牌坊和高耸的神功圣德碑亭（内竖为皇帝歌功颂德的石碑方亭，亦

祾恩门——郭宝强摄

称大碑楼），与金星山及影壁山相呼应。二是影壁山至五孔桥间长约 3.5 公里的区段，在这个区段内配置了石像生（设在神路两旁的石人、石兽雕塑群）、龙凤门（由三间石雕火焰牌楼和四段琉璃壁组成的门坊）、一孔桥、七孔桥和五孔桥等低平建筑，以同周围的平坦地势相协调。三是五孔桥至宝顶间长约 1 公里的区段，在这个区段内集中配置了神道碑亭（内竖镶刻帝后谥号石碑的方亭）、隆恩门（陵院的大门）、隆恩殿（举行大祭活动的主要殿堂）、方城（砖砌的方形城台）、明楼（建在方城之上的内竖墓碑、檐挂陵名匾额的方亭）、宝顶、宝城（围绕宝顶的城墙）等主要礼制性建筑。这些建筑由南至北依次升高，以与昌瑞山及两侧护砂（陵寝左右的山丘）相互配合。这些建筑的配置与组合均以风水学中的形势理论为指导，其大小、高低、远近、疏密皆以“百尺为形，千尺为势”的尺度进行视觉控制，并将山川形胜纳于景框之中，作为建筑景观的对景、底景和衬景，实现了“驻远势以环形，聚巧形而展势”的目的。

3. 皇帝陵

清朝入关以前已经在关外营建了 3 座皇帝陵，即永陵、福陵和昭陵，这 3 座陵寝规制各异，说明当时并无定制。清朝入关以后营建的陵寝基本因袭了明陵规制，清东陵各座陵寝的序列组织都严格地遵照陵制与山水相称的原则，既要遵照典礼之规制，又要配合山川之胜势。

自顺治皇帝的孝陵在昌瑞山下落成以后，清代皇帝陵的规制便基本形成。其布局可分为3个区，即神路区、宫殿区和神厨库区。孝陵的神路区建筑配置最为丰富，自南至北依次为石牌坊、东下马碑、西下马牌、大红门、具服殿（供谒陵者更换衣服、临时休息的殿宇）、圣德神功碑亭、石像生、龙凤门、一孔桥、七孔桥、五孔桥、东下马碑、西下马牌、三路三孔桥及平桥。宫殿区按照前朝后寝的格局营建，自南至北依次为神道碑亭、东朝房、西朝房、隆恩门、东燎炉（焚烧纸、锞的场所）、西燎炉、东配殿、西配殿、隆恩殿、陵寝门、二柱门、石五供、方城、明楼、琉璃影壁及月牙城、宝城、宝顶，宝顶以下是地宫，宫门以北部分环以围墙，前后三进院落。神厨库区位于宫殿区前左侧，其建筑有神厨（做祭品的厨房）、南神库（储存物品的库房）、北神库、省牲亭（宰杀牛羊的场所），环以围墙，坐东朝西，围墙外建有井亭。这3个区所有带屋顶的建筑（包括墙垣），除班房覆以布瓦外，全部以黄琉璃瓦覆顶（包括墙顶）。其中，大红门为单檐庑殿顶建筑，圣德神功碑亭、神道碑亭、隆恩殿、明楼和省牲亭为重檐歇山顶建筑，具服殿、隆恩门、配殿、燎炉为单檐歇山顶建筑，朝房为单檐硬山顶建筑，神厨、神库为单檐悬山顶建筑，陵寝门为琉璃花门，井亭为盝顶建筑，班房为单檐卷棚顶建筑。

康熙皇帝的景陵位于孝陵东南约1公里处昌瑞山五花岭位置，景陵的朝山是象山，中轴线正对着象山两峰微凹的部位。①

景陵承袭孝陵规制，宫殿区和神厨库区与孝陵相同，唯有神路区有较大改动。一是景陵的神路与孝陵的神路相接，不单建石牌坊、大红门和具服殿；二是圣德神功碑亭改竖双碑，分书满、汉碑文；三是石像生由18对缩减为5对；四是改龙凤门为五间六柱五楼的牌楼门（清道光年间，为求划一，将牌楼门也称龙凤门）；五是裁撤七孔桥和一孔桥；六是五孔桥改建在石像生以南。景陵的格局也符合风水的藏风聚气原则，三面环山，前有朝案。②

乾隆皇帝的裕陵承袭景陵规制，但稍有展拓。一是神路区的牌楼门以北增加一孔拱桥；二是石像生增至8对，规模仅次于孝陵；三是在陵寝门前增设三路一孔玉带桥；四是在三路三孔桥两侧对称地各增设一座三孔平桥。裕陵地宫满布石雕，雕刻内容的题材十分广泛，雕刻方法多样。

咸丰皇帝的定陵在遵照典礼之规制、配合山川之胜势原则的指导下，巧妙结合风水形式，

---

① 卢德尧．清东陵相度史考及格局读解 [D]. 天津：天津大学，2019.
② 卢德尧．清东陵相度史考及格局读解 [D]. 天津：天津大学，2019.

皇后陵——郭宝强摄

在基本沿用孝陵规制的基础上裁撤了圣德神功碑亭、一孔拱桥和二柱门，将陵寝门前的玉带桥改为3座平便桥，将石像生改为5对。

同治皇帝的惠陵规制更为减缩，不仅未建石像生，连与孝陵相接的神路也被撤掉，成为割断统绪的孤陵。

4. 皇后陵

清王朝营建的第一座皇后陵是孝惠章皇后（顺治帝的皇后）的孝东陵，其布局为神路区仅设一路三孔桥，宫殿区不设二柱门，其余则与皇帝陵相同。由于当时制度尚不完备，该陵内又埋葬了28位顺治帝的妃嫔，形成了皇后陵兼妃园寝的局面。

埋葬孝庄文皇后的昭西陵由暂安奉殿改建而成，规制极为特殊。一是神路区只设下马牌和神道碑亭，未设桥涵；二是宫殿区修建了两层围墙，外层围墙的正面设置了隆恩门，内层围墙的正面设置了3座琉璃花门；三是陵寝门设置在隆恩殿左右的卡子墙上；四是隆恩殿为清代建筑等级最高的重檐庑顶。

慈安皇太后和慈禧皇太后的定东陵是清王朝营建的最后两座皇后陵，其规制基本参照孝东陵，但又有所区别。一是在神路区增建了下马牌和神道碑亭，三孔拱桥两侧对称地增建了平桥；二是陵内不再埋葬妃嫔。

5. 妃园寝

清东陵建成的第一座妃园寝是景陵妃园寝，其布局只有宫殿区，自南向北依次为一孔拱桥和平桥、东厢房、西厢房、东班房、西班房、宫门、燎炉、享殿、园寝门，后院建有49个小宝顶。厢房、班房均以布瓦覆顶，大门、享殿为单檐歇山式建筑，并以绿琉璃瓦覆顶。

景陵皇贵妃园寝是清东陵内营建的第二座妃园寝，乾隆皇帝出于对康熙皇帝两位皇贵妃的尊重和孝顺，拓展了规制。与景陵妃园寝相比有以下三点不同：一是增加了绿瓦单檐歇山顶的东配殿、西配殿；二是享殿月台前设置了丹陛石；三是为两位皇贵妃各建立了方城和绿瓦单据歇山式的明楼。景陵皇贵妃园寝成为清代等级最高的妃园寝。

清东陵内营建的第三座妃园寝是裕陵妃园寝，该园寝的规制接近景陵皇贵妃园寝，所不同的是享殿前未设丹陛石，园寝门开在享殿两侧的面阔墙上，后院内建有34座小宝顶。

定陵妃园寝和惠陵妃园寝是清东陵内营建的第四、第五座妃园寝，其规制均与景陵妃园寝相同。

6. 文物价值

清东陵的修建跨越了两个半世纪的时空，见证了清朝的辉煌与衰败，也见证了中国封建王朝的终结，承载着历史的积淀和文化的传承。清东陵作为帝王陵墓，承载着丰富的历史内涵和文化遗产，是中国两千多年陵寝史上最后一个辉煌时期的典范，葬有许多对清代历史有着重要影响的声名显赫的人物，蕴含着丰富的历史信息，不仅是研究清代陵寝规制、丧葬制度、祭祀礼仪、建筑技术与工艺的不可多得的实物资料，而且也是研究清代政治、经济、军事、文化、科学、艺术的典型例证，对理解古代中国封建社会的演变具有重要意义。

清东陵是我国传统园林建筑的代表之一，对于研究我国传统园林建筑、雕刻艺术具有重要意义。陵园的规划布局、建筑风格，以及雕刻艺术作品都展现了皇家的审美情趣和价值取向，不仅是当时最高工艺水平的代表，更体现了清朝皇家对宫廷文化的重视推崇和宫廷文化对自然与人文相融合的理念。正如张畅和付梓杰所说："清东陵的价值不仅在于古建筑本身，而是由山水环境、视觉要素、建筑群和陵寝格局所共同构建起的体现古代中国风水观的景观体系。"①

清东陵是我国珍贵的文化遗产，具有重要的历史、艺术和科学价值，保护和研究清东陵，有助于推动历史文化的传承与发展，有利于弘扬中华优秀传统文化。

（二）清西陵

清西陵是清朝入关后营建的第二座大型皇家陵园，位于河北省保定市易县城西 15 公里处的永宁山下，距北京约 100 公里，始建于清雍正八年（1730 年），是我国古代陵寝历史上最后的杰作。

清西陵总面积 800 余平方公里，陵区内有千余间宫殿建筑和百余座古建筑、古雕刻，共有 14 座陵墓，包括雍正皇帝的泰陵、嘉庆皇帝的昌陵、道光皇帝的慕陵和光绪皇帝的崇陵，另有 3 座后陵，以及怀王陵、公主陵、阿哥陵、王爷陵等。清西陵的建筑形式体现着封建的典章制度，帝陵和后陵均用黄色琉璃瓦盖顶，妃嫔、公主、王爷园寝则以绿琉璃瓦或灰布瓦盖顶。

1961 年，清西陵被列入全国首批重点文物保护单位，2000 年被列入《世界遗产名录》，2020 年被国家文化和旅游部评为 5A 级旅游景区。

1. 规模布局

清西陵的每座陵寝都严格遵循清代皇室建陵制度，这些不同的建筑形制展现出了不同的景观和风格。清西陵不仅有规模宏大、体系完整的古建筑群，还有华北地区最大的人工古松林。从建陵开始，清政府就在永宁山下、易水河畔、陵寝内外栽植了数以万计的松树，共有古松 1.5 万株，青松幼柏 20 余万株。

清西陵陵区内各陵园共用祖山、石牌坊、大红门，周围均用风水围墙和火道、界桩围绕。陵寝布局有主有从，皇后陵和妃园寝均以本朝帝陵为中心，分建左右，自成一区，体现了附属关系，表明陪葬之意。各帝陵神道均与主陵神道相接，后陵神道与本朝帝陵神道相接，形成枝状的神道网络，这些特点是清代以前的历

① 张畅，付梓杰．老牌遗产地的新问题：清东陵世界遗产展示的现状与思考 [N]. 中国文物报，2021-12-10（006）.

代皇陵所不具备的。整个清西陵陵区以世宗雍正皇帝的泰陵为中心，西面分布着仁宗嘉庆皇帝的昌陵和宣宗道光皇帝的慕陵，东面分布着德宗光绪皇帝的崇陵、溥仪墓，以及阿哥、公主园寝和永福寺等建筑。

2. 泰陵

泰陵位于永宁山主峰之下，处于清西陵陵区的中心位置，其余各陵分别在其东、西两侧分布，这里埋葬着雍正皇帝及孝敬宪皇后和敦肃皇贵妃，是清西陵的主体建筑，也是清西陵中建造年代最早、规模最大的一座陵寝。泰陵的神道由3层巨砖铺成，由南往北分布着40多座大大小小的建筑。在走过一座联拱式五孔桥后便进入了陵区，映入眼帘的是3座精美高大的

龙凤门全貌

石牌坊和一条宽 10 余米、长 2.5 公里的神道。这 3 座石牌坊都是五间六柱十一楼形式，用青花石筑成，上刻有山、水、花、草、禽兽等图案，被视为清西陵建筑艺术中的代表性作品。接着依次是石牌坊、大红门、具服殿、圣德神功碑楼、七孔石拱桥、石像生、隆恩门、隆恩殿、方城明楼和宝顶等一系列建筑和石雕刻。隆恩殿为正殿，面阔五间，进深三间，重檐歇山黄瓦顶，木结构卯榫对接。明柱沥粉贴金包裹，殿顶有旋子彩画，梁枋装饰金线点金，枋心彩画“江山统一”和“普照乾坤”。

3. 昌陵

昌陵是清西陵营建的第二座皇帝陵寝，即嘉庆皇帝和孝淑睿皇后的陵

龙凤门细节

寝，位于泰陵以西500米处，以一条神道与泰陵相接，是清西陵中唯一有神道与主陵相接的陵墓。昌陵的建筑形式和布局与泰陵基本一致，其豪华富丽不亚于泰陵，隆恩殿的大柱包金饰云龙，地面用贵重的花斑石墁地，黄色的方石板上带有紫色花纹，别具特色，素有“满堂宝石”之称。昌陵是清朝最后修建圣德神功碑亭的陵寝，此后清朝皇帝的陵寝均不再修建圣德神功碑亭。

4. 昌西陵

昌西陵内安葬着嘉庆皇帝的第二任皇后孝淑睿皇后，因位于昌陵西面而得名。昌西陵与慕陵体制相似，于方台上直接建圆坟，没有方城明楼，建筑规制虽简陋，却有着特殊之处。一是隆恩殿内藻井彩绘为丹凤展翅，其他后陵则为3朵莲花衬以18个金点的水浪花纹；二是隆恩殿后与三座门之间有一条御带河，河上有3座跨桥，中间一座有栏板，左右两座均为无栏平板桥；三是三座门前的围墙为方形，三座门后的北墙为圆弧形，切入三座门的直墙上。圆形宝顶毫立于北弧墙前，祭台立于三座门的中门内，弧形墙面结构所产生的回音壁、回音石等回声现象是中国陵寝建筑中的孤品，也是清代建筑学家将声学原理用于陵寝建筑的新创造。隆思门以内的建筑呈现出前高后低、错落有致的布局，陵寝围墙则是前方后圆的设计，这是天圆地方理念在陵寝布局中的体现。

5. 慕陵

慕陵位于昌陵以西 15 公里处的龙泉峪，该陵建造得很特殊，是道光皇帝的独树心裁之作。起初，道光皇帝的陵寝设在清东陵，后因地宫渗水，改在清西陵选址重建。慕陵的特点是规模小，没有方城、明楼、大碑亭、石像生等建筑，在设计上秉持着简约理念，仅有建筑27座，占地面积45.6亩。然而在简约的外观之下，实则蕴含了精细的工艺和奢华的用料。慕陵在材质选择上追求精美，摒弃了传统的糙砌灰砖、刷红浆，以及下肩干摆的做法，展现了独特的艺术价值。整个围墙磨砖对缝，干摆灌浆，墙身平齐结实。隆恩殿的建筑工艺精巧，大殿全用的是金丝楠木，不饰油彩，保持原木本色，打开殿门，楠木香气扑鼻而来。

6. 慕东陵

慕东陵为道光皇帝孝静成皇后的陵寝，位于慕陵东北方的双峰岫，原为慕陵妃园寝。慕东陵最南端的神道旁有两座下马碑，左侧有神厨库和井亭（原来均无，后添建），神道全为砖墁，没有皇后陵神道的中心石和两侧牙石，另有 3 座五孔平桥，这些都是妃园寝的遗留。

慕东陵有东朝房、西朝房面阔五间，进深两间，黄琉璃瓦硬山顶（原为布瓦），布瓦东班房、西班房各三间，隆恩门面阔三间，黄琉璃瓦歇山顶（原为绿琉璃瓦，后全改为黄色）。门内燎炉两座，东配殿、西配殿面阔三间（原无），隆恩殿面阔三间，前出月台，但无栏板和铜鼎鹿鹤。殿后为面阔墙一道，中门有门楼，黄琉璃瓦单檐歇山顶，正面额枋上为青白石匾额，上书满、蒙、汉文的“慕东陵”字样，中门两侧开角门。墙北是石五供，北为月台，上建圆形宝顶一座，无方城和明楼。宝顶东侧并列建有宝顶一座，为庄顺皇贵妃乌雅氏。

隆恩殿

石五供

陵寝门

神道

牌楼

7. 崇陵

崇陵是光绪皇帝和隆裕皇后的合葬墓，位于泰陵东南约4公里处的金龙峪，是中国最后一座帝王陵墓。

崇陵在继承清代建陵规制，且参照定陵和惠陵风格的同时，又汲取了古代建筑技术的精华，最终形成了独特的陵寝建筑风格，主要建筑包括五孔桥、巡房、牌楼门、神厨库、三路三孔桥、朝房、班房、隆恩门、燎炉、配殿、隆思殿、三座门、石五供、方城、明楼、宝顶、地宫等。在设计方面，崇陵具有完善的排水和通风系统，每个宫殿基部都建有2米宽的散水，明楼和三座门前更是分别挖砌了御带河，在地宫内凿有14个水眼与龙须沟相通，这些设施都是为了增强崇陵的排水能力。此外，因隆思殿的木料均采用异常珍贵的铜藻、铁藻修筑，故隆思殿有“铜梁铁柱”的美誉。

8. 溥仪墓

溥仪墓为华龙皇家陵园，两侧分别是谭玉龄和婉容。1967年，溥仪去世，最初安葬在八宝山。1995年，迁葬到清西陵的华龙皇家陵园。

9. 文物价值

清西陵是我国传统文化艺术的博物馆，4座帝陵中除崇陵地宫被盗外，其余均保存完整，泰陵的3座石牌坊、昌陵隆恩殿内的花斑石墁地、慕陵的金丝楠木大殿、昌西陵的回音壁、崇陵的“铜梁铁柱”等都是清陵建筑中保存完整的珍品。432座古建筑、数以千计的雕刻作品和彩绘作品，清西陵以大量的实物形象和文字史料，从不同方面展示了18世纪30年代至20世纪初，我国陵寝建筑艺术风格及皇家宗教信仰的发展和变化，具有重大的历史、艺术、科学和鉴赏价值。

清西陵是我国现今保存最完整、最原始，且距今最近，陵寝建筑最齐全的古代皇家帝王陵墓群，其历史轨迹表现出了清西陵建筑的细节变化，反映出了清王朝由盛转衰的过程。与其他古建筑相比，清西陵具有不可复制且无法比拟的唯一性和奇特性，是世界级资源实体，是中国陵寝建筑艺术最杰出的代表之一，更是中国古代建筑艺术的巅峰之作。

第三章 皇权之下
——关联宫廷文化的历史遗存

一、直隶总督署

“一座总督衙署，半部清史写照”。

直隶总督署，亦称直隶总督部院，是我国现存的唯一一座保存完整的清代省级衙署。原建筑始建于元代，清雍正七年（1729年）经扩建后正式建立总督署，历经雍正、乾隆、嘉庆、道光、咸丰、同治、光绪、宣统八帝，共设有总督74人、99任次，见证了有清一代的兴衰。直隶省作为拱卫首都第一省，其重要地位不言而喻，直隶总督署不仅是清代直隶省的政治中枢，更是“故宫文化圈”中不可或缺的重要文化遗产。直隶总督署与故宫在制度、文化、人物等诸多方面都有着千丝万缕的关联，承载着半部清代史的厚重记忆。

首先，直隶总督署是清代直隶省的最高行政机构，其地位之显赫、权力之重大，使其成为中央与地方联系的重要纽带。其次，从制度层面来看，直隶总督的设置本身就是清代政治体制的产物，体现了中央集权与地方治理的紧密结合。

清代的总督制度源于明代，之后经过不断的完善和发展，形成了具有自身特色的体系。直隶总督作为全国八大总督之首，其职责范围极为广泛，涵盖了军事、民政、财政、司法等诸多方面。直隶省地处京畿要地，是拱卫京师的屏障，其稳定与否直接关系到朝廷的安危。因此，直隶总督的任命往往由皇帝亲自决定，且多为皇帝信任的亲信大臣。他们不仅要负责地方事务的管理，还要随时听从朝廷的调遣，参与国家重大决策的制定和执行。

在行政制度方面，直隶总督署与中央六

直隸總督署
中国古代衙署博物馆

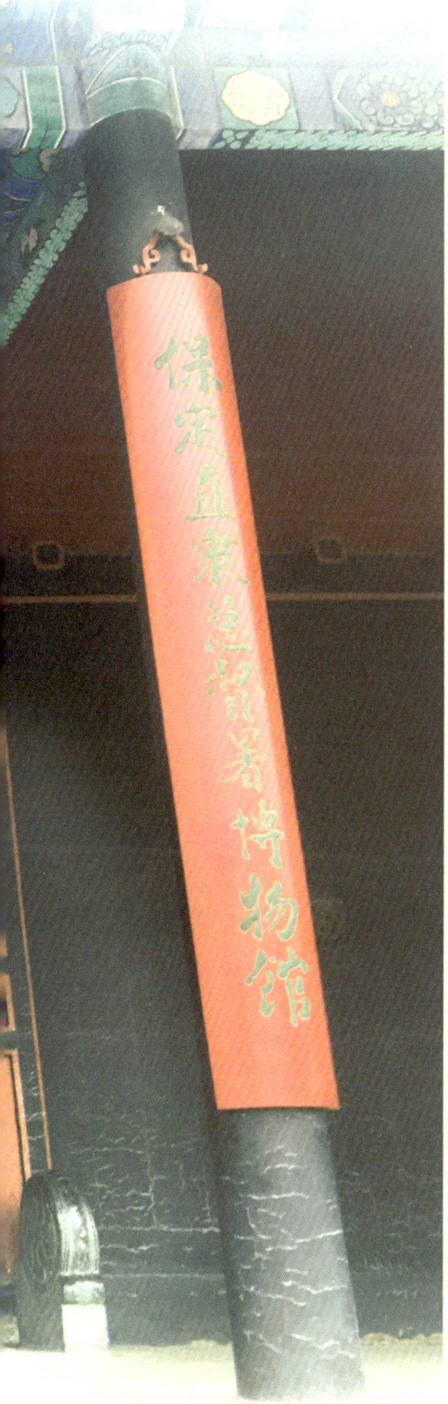

直隶总督署大门

“公生明”牌坊

部之间有着紧密的联系。总督署内设有多个部门，如签押房、幕府等，分别负责处理政务、文书等工作。这些部门的设置与中央六部的职能分工相似，形成了一个相对独立又与中央紧密配合的地方行政体系。总督署的官员们通过奏折、谕旨等方式与朝廷进行沟通，及时汇报地方情况，传达皇帝旨意。这种制度安排使得直隶总督署成为中央与地方进行信息交流的重要平台，确保了国家政策在直隶地区的有效实施。

在军事制度方面，直隶总督署同样发挥着重要作用。直隶地区是军事重地，驻扎着大量的军队。直隶总督负责统辖绿营兵，并与八旗驻防将军协同作战。在抵御外敌入侵、平定地方叛乱等军事行动中，直隶总督署是指挥中心。例如，在抵御沙俄入侵、平定捻军等历史事件中，直隶总督署都发挥了关键作用。这种军事制度安排使得直隶总督署成为维护国家安全和稳定的重要力量，体现了清代军事防御体系的严密性。

在文化方面，直隶总督署在宫廷文化的传播与融合进程中扮演着重要角色。从建筑风格到文化活动，从礼仪制度到思想观念，直隶总督署都深受宫廷文化的影响，并将其与地方文化相结合，形成了独特的文化景观。

在建筑风格方面，直隶总督署与故宫有着明显的相似之处。直隶总督署的建筑布局严谨，中轴线贯穿南北，主体建筑依次排列，体现了中国古代建筑的对称美学。其大门、仪门、大堂等建筑的规制与故宫的宫殿建筑相似，都采用了传统的木结构建筑形式，斗拱、梁柱、屋顶等构件的设计精美，雕梁画栋，彰显出皇家气派。这种建筑风格的传承不仅是技术上的延续，更是宫廷文化在地方上的体现。直隶总督署的建筑装饰也融入了宫廷元素，如彩绘、壁画等，内容多为吉祥图案和历史典故，与故宫的装饰风格一脉相承。这些建筑形式和装饰元素使得直隶总督署成为宫廷文化在地方的实物载体，让人们在远离京城的地方也能感受到皇家文化的魅力。

在文化传播方面，直隶总督多为文化素养较高的官员，他们对文化事业的重视和推动，使得宫廷文化在直隶地区得到了广泛传播。例如，多位直隶总督在任期间积极倡导文化教育，修建书院，推广儒家思想，促进了地方文化的繁荣。同时，地方文化也在直隶总督署内得到了展示和交流，形成了宫廷文化与地方文化的融合。这种文化的交流与融合不仅丰富了直隶地区的精神文化生活，也为宫廷文化注入了新的活力。

在礼仪制度方面，直隶总督署严格遵循宫廷礼仪。直隶总督作为地方最高长官，其日常活动和政务处理都有一套严格的礼仪规范。从接见官员到举行祭祀活动，从迎接圣旨到上报政务，每一个环节都按照宫廷礼仪进行。这种礼仪制度的传承和执行使得直隶总督署成为宫廷礼仪在地方的示范场所。通过礼仪的规范和传承，宫廷文化的核心价值观得以在地方深入

直隶总督署内院

人心，强化了中央与地方的文化认同。

在宫廷互动方面，直隶总督通过各种方式与皇帝、皇室成员和朝廷大臣进行交流。这种频繁的互动使得直隶总督署成为宫廷与地方官员沟通的重要桥梁。许多重要的政策和决策都是在直隶总督署与宫廷的互动中形成的。例如，洋务运动期间，直隶总督李鸿章与朝廷密切配合，推动了直隶地区的近代化进程。他创办了北洋水师、开平矿务局等一系列近代企业和军事机构，为中国近代工业的发展奠定了基础。

此外，直隶总督署还见证了众多名臣的风采，如创办莲池书院的李卫、一代廉吏唐执玉、因兴农治水被列为“乾隆五督臣”之一的方观承，以及清末重臣曾国藩、李鸿章、袁世凯等，这些人物在清代历史上留下了浓墨重彩的一笔。他们与宫廷的互动不仅影响了直隶地区的发展，也对清代的政治、经济、文化等方面产生了深远的影响。

可以说，保定直隶总督署作为清代重要的政治、文化中心，是“故宫文化圈”中不可或缺的重要文化遗产。它承载着丰富的历史信息，见证了清代社会的变迁和发展。保护和研究直隶总督署，对于传承和弘扬中华优秀传统文化具有重要意义。

从历史价值来看，直隶总督署是清代历史的缩影。它见证了从康乾盛世到晚清衰落的整个历史过程。从文化价值来看，直隶总督署是宫廷文化与地方文化融合的典范。它的建筑风格、人文传统、礼仪制度等都体现了宫廷文化的深厚底蕴和地方文化的独特魅力。这种文化的融合为我们研究中国古代文化的传播与交流提供了宝贵的实例。同时，直隶总督署内保存的大量文物，如字画、古籍、器物等，也是研究清代文化艺术的重要资料。

总之，保定直隶总督署是一座承载着半部清代史的珍贵文化遗产，它与故宫在制度、文化、人物等方面的紧密关联，使其成为“故宫文化圈”中不可或缺的重要内容。

二、莲池书院

莲池书院，又名直隶书院，位于河北省保定市，因古莲池而得名，从创办到停办历时170年，其间名家、人才辈出。莲池书院所体现的园林文化、书院文化、行宫文化，无不展示出其讲学风气之浓厚、藏书数量之丰富、碑刻技艺之高超，是对我国宫廷文化的绵延传承。

古莲池初建于元代，初为私家园林，名雪香园，元代汝南王张柔于1234年建成。1284年，雪香园在地震中严重损毁，仅存一池清水，因池中荷花生长繁茂，明代以后的志书称其为“莲花池”。明嘉靖年间，古莲池得以修复，池畔遍植柳树，并修建了围墙。清代以后，古莲池曾进行过3次大规模的整建和重修，建筑假山，移植古柏，奇花异石、亭台水榭参差错落，形成了著名的“莲池十二景”。清康熙、雍正年间，朝廷鼓励地方政府兴办书院。清雍正十一年（1733年），时任直隶总督李卫奉旨在保

"古莲花池"匾额

定创办书院。因古莲池"林泉幽邃，云物苍然，于士子读书为宜"，遂"因旧起废，增建斋社"，在古莲池西北部修建书院，当年五月动工，九月落成。

莲池书院自创建之初就受到清朝皇帝的重视和支持。我国第一历史档案馆所藏档案记载，莲池书院建成伊始，朝廷即专门拨款补充办学经费，雍正特赏白银一千两作为莲池书院就读士子的学习津贴。此外，直隶总督李卫捐出养廉银一千两，工部侍郎王钧将稻田一百顷交与地方官管理，收入作为书院士子日常开支费用。

清乾隆年间，莲池书院所在的古莲池被辟为清帝出巡驻跸的行宫，乾隆在位期间曾 3 次幸临书院，并赐匾、题诗勉励师生勤学儒家经典，学以致用，效力社稷。此后，莲池书院的名声和地位更加突出。清乾隆十一年（1746 年）十月，乾隆西巡五台山，回銮途中驾临莲池书院，再次为书院题诗："西巡回驻郡城边，便幸莲池读爱莲。不必有花识君子，所欣此地育英贤。杏桃竞绘二月景，苕芷平分一亩泉。指点前番觅吟处，绿碑重续丙寅年。"乾隆还取北宋理学大师周敦颐（世称濂溪先生）的"濂溪"二字，为莲池书院题写匾额"绪式濂溪"，期望莲池书院秉承和发扬儒学传统，为国家培养更多匡世济民之才。据档案记载，乾隆不仅为

滌翠
池水光涵亭院清漣
館書圖
2023
首届
青年文学创作者研修坊

“古莲花池”牌坊

莲池书院题诗、赐匾，还赏赐书院馆师张叙荷包一对、小荷包二枚，赏赐金廷璋、张郝元等4名生员每人荷包一对。清乾隆二十六年（1761年），乾隆又赏赐莲池书院进献诗册的张郝元等14人缎匹若干。乾隆还曾题诗赠直隶总督，褒扬其创办书院为国育才，其诗写道："直省督勤书院规，保阳独此号莲池。风开首善为倡率，文运方当春午时。"清嘉庆十六年（1811年），嘉庆巡幸五台山，回京途中来到莲池行宫，曾驾临书院。

莲池书院设有专门的藏书楼——万卷楼，收藏图书最多时达3万余卷（册）。据史料记载，在书院成立之初，雍正曾钦赐书院一批书籍。清乾隆年间，朝廷曾赐予书院《十三经》《二十一史》等图书若干，其中不乏古籍善本。清乾隆三十年（1765年），时任直隶总督方观承拨银三百两，购书四百函，进一步扩大了书院的藏书规模。清同治十一年（1872年），黄彭年二度担任莲池书院院长，同时负责《畿辅通志》的编纂工作。他从《畿辅通志》刻资的生息中提银一千二百两，为书院购书15 111卷。李鸿章就任直隶总督后，曾3次筹款为莲池书院购书，使得当时的书院藏书达到了历史最高水平的33 711卷（册）。黄彭年所著《陶楼文钞》记载："筹金千五百，置书为卷，凡三万三千七百十有一，增橱十，别以十干，续增橱十二，别以十二支，藏之万卷楼。"黄彭年还亲自撰写了《万卷楼书目序》《万卷楼藏书碑记》两文。书院收藏的众多古籍图书使在

直隶图书馆

此进修学业的士子们受益匪浅。

清代康熙、乾隆两朝大力营造宫苑，到乾隆时期达到极盛。乾隆曾在莲池书院召见直隶总督署的官员，赐“御书明职”，君臣吟诗和唱，留下大量石刻、碑刻、法帖。莲池书院的法帖是历代丛帖，囊括六家八种的墨迹，包括褚遂良《千字文》的清挺丰艳、颜真卿《千福碑》的壮怀激烈、怀素《自叙帖》的龙蛇飞动、米芾《虹县诗》的超逸豪放、赵孟頫《蜀山图歌》的娴静妍美，以及董其昌的《云隐山房题记》、李白的《诗二首》和罗汉赞的《性灵飘逸》，另存有《莲花池修建书院增置使馆碑记》《嘉庆赐直隶总督温承惠碑》《莲池书院增修讲舍记》《嘉庆赐直隶布政使方受畴碑》《万卷楼藏书碑记》等。《莲池书院法帖》刻石38方，是一部珍贵的书院“石籍”，其书法格调高逸，技艺超绝，至今保存完好。

清光绪二十六年（1900年），八国联军侵入北京。十一月，英国、法国、德国、意大利等四国的军队攻陷保定，莲池书院被毁，万卷楼遭到焚烧，藏书被掠夺得所剩无几。据《清苑县志》记载：“（联军）驻军保定十余月之

洒然亭

观澜亭

久，莲池台榭，不留寸木片瓦，举成灰烬矣。”

莲池书院自开办以来，以大儒硕学为师，遂成为“全国书院之冠，京南第一学府”，曾任北洋政府代总统的直系军阀首领冯国璋、自称“第一人中最后一人”的末代状元刘春霖、著名藏书家傅增湘，以及刘若曾、张以南、刘登瀛、魏兆麟、贺涛等晚清文坛名噪一时的人物都曾就读于莲池书院。1921年，北洋政府总统徐世昌题写“古莲花池”横匾，一直沿用至今。

鼎盛时期的莲池书院名师云集，人才济济，与湖南的岳麓书院一南一北，交相辉映，成为直隶文化教育中心。清乾隆、嘉庆年间，章学诚、祁韵士先后任书院主讲。章学诚曾任国子监典籍，兼通文史、地志、考据诸学，著作有《文史通义》《实斋文钞》。祁韵士精于治史，长于地域、中西交通之学，著述亦甚丰。清咸丰至光绪年间，书院主讲有黄彭年、李嘉端、张裕钊、吴汝纶等人。黄彭年是著名的考据学家，曾两次任莲池书院院长，博学多能，诗文兼擅，书画并长。黄彭年对莲池书院的贡献主要有扩建校舍、丰富藏书、明立章程、严定课程，他还努力改进了书院的课艺内容和形式，并受直隶总督李鸿章之聘，率莲池书院师生参与编纂《畿辅通志》。吴汝纶是晚清文学家、教育家，曾先后担任曾国藩、李鸿章的幕僚，

水东楼

长期主讲莲池书院。吴汝纶到任后锐意改革，聘请日本教师教授外文，改进教学方法，国内慕名前来莲池书院求学的青年很多，严复、林纾、马其昶、姚永朴、姚永概、李光炯、房秩五等人都曾受过其教益。文学家、书法家张裕钊在清光绪九年（1883年）至十九年（1893年）执掌莲池书院。张裕钊主持莲池书院期间，莲池书院开设了西文（英语）、东文（日语）学堂，还开创了招收外国留学生的先例。清光绪十三年（1887年），19岁的日本留学生宫岛大八（又名宫岛咏士）慕名渡海来到莲池书院拜在张裕钊门下，成为莲池书院招收的第一位日本留学生。师徒相伴8年，宫岛大八随张裕钊学习经学、训诂、书法，日夜相随笔墨之间，除了古文儒学受益匪浅，还得张氏碑学派书法真传。1894年张裕钊辞世，宫岛大八回到日本继续潜心儒学和书法研习，还在家中开设私塾教授中文，传播中国的传统文化。

清光绪二十七年（1901年），清政府实行“新政”，其中包括停止科举和停办旧式书院等内容。莲池书院于1903年停办，存续时间共计170年。

三、莲池行宫

莲池行宫在明、清两代历经多次精心修缮，园内楼宇瑰丽，画舫精致，花卉珍奇，禽鸟灵动，芙蕖盛开，荷香四溢，其景色之盛达到了巅峰，这些元素共同构成了著名的“莲池十二景”，即春午坡、含沧亭、篇留洞、藻泳楼、寒绿轩、绎堂、蕊幢精舍、鹤柴、宛虹亭、高芬阁、万卷楼、花南研北草堂，彰显了浓厚的宫廷文化底蕴。同时，莲池行宫也作为故宫建筑风格在河北保定地区的独特体现和延续，彰显了其非凡的历史地位与文化价值。

（一）春午坡

迎门而立的假山便是莲池十二景之一的春午坡，它是一座用太湖石叠砌的假山。山上石磴增幽，古柏耸翠，景名“春午坡”三字赫然映目。时人参考宋代文学家苏东坡《雨中看牡丹三首》所咏的“午景发秾艳，一笑当及时”，将其命名为“春午坡”。春午坡当门而立，为的是不使园中景色在入口处即被游人一览无余，在造园技法上叫抑景，显开门见山之势，《红楼梦》中大观园门内的假山与此有异曲同工之妙。作为莲池行宫的第一景，与一年四季之首的春相吻合，构思之巧妙，令人赞叹。

假山上可见的景名刻石和三方诗碑都是当年的遗存，乾隆的3块御笔诗碑清晰可读，分别是“蓏史枕经正务宜，馀闲亦弗碍拈诗。司空廿四品言尽，视此春晴日午时。”“直省督勤书院规，保阳独此号莲池。风开首善为倡率，文运方当日午时。”“偶来停驻过墙鞭，即景因思表圣篇。廿四品中无五字，研精日午恰春前。”乾隆还曾为春午坡题诗，诗为“桃花已谢杏花红，荏苒韶光瞥眼中。留咏前题成小住，

春午坡

笑他何必碧纱笼。”乾隆在《莲池行宫十二景题咏·春午坡》中赞叹道：“菁莪雅化辟莲池，秀障当门春午披。漫爱牡丹花富贵，濂溪爱处正宜思。”乾隆十分喜爱春午坡这处景观，不仅亲笔为它题写景名，还先后5次为它题诗，可见春午坡景观在莲池十二景中的地位。

（二）万卷楼

万卷楼位于莲池行宫内的荷塘北岸，南向五楹，高二层，乾隆赐莲池书院的匾额曾高悬于堂中的宝座之上。

清乾隆十二年（1747年），乾隆亲笔为莲池书院题写匾额“绪式濂溪”，意思是希望莲池书院效法理学家周敦颐（周敦颐因居于濂溪旁，自号濂溪），并继承他的事业。自幼接

万卷楼

受理学教育的乾隆执政初期笃信理学，认为“有宋周程张朱子，于天人牲命、大本之原之所在与夫用功节目之详，得孔孟之心传，而于理欲、公私、义利之界，辨之至明。循之则为君子，悖之则为小人。为国家者，由之则治，失之则乱，实有裨于化民成俗，修己治人之要，所谓入圣之阶梯，求道之涂辙也”。赐予莲池书院的这块匾额与赐予江西星子县（今庐州市）白鹿洞书院的“洙泗心传”匾额、赐予江苏苏州紫阳书院的“白鹿遗规”匾额一样，寄予了乾隆的厚望。

万卷楼临北塘，岸边“寿藤二株，蟉曲倚架，花时弥覆如设紫丝步障”，楼名沿用元代贾辅藏书楼的名称。贾辅，蒲阴（今河北安国市）人，虽为武将，却喜欢藏书。他先后参加了攻打河朔、河南、淮南的战役，每克一地，别的将领都去争抢“金帛子女”，他只收集图书，数十年间聚书数万卷。他的别第在雪香园（今古莲花池）北面，1236年在其中建成万卷楼，将图书分为九类，贮于楼中。1243年，他听说郝经（字伯常，泽州陵川人）“嗜书力学”，就请郝经来管理万卷楼。第二年，郝经为了“明侯之德，且以自警”，写下《万卷楼记》。

后来，直隶总督方观承将一座新楼命名为“万卷楼”，就是为了承续这段历史。藏书是书院的功能之一，清代统治者非常重视书院藏书。清乾隆元年（1736年），清政府按照皇帝的旨意向各省督抚发布命令：“各省会城，设有书院，亦一省人才聚集之地，宜多贮书籍，于造就之道有裨。令各督抚动用存公银两购买十三经、二十一史，发教官接管收贮，令士子熟读讲贯。”在这种社会背景下，莲池书院不断丰富自己的藏书，至晚清时期达到了相当可观的数量。

莲池书院藏书的来源一是皇帝赐书，二是官款购买，三是筹款购书。清光绪四年（1878年），黄彭年第二次出任莲池书院院长。经过与直隶总督李鸿章商量，先后筹银一千五百两，购买图书三万多卷，这是莲池书院史上购书最多的一次。乾隆在《莲池行宫十二景题咏·万卷楼》中赞叹道：“郝经贾辅迹犹著，九等五车事匪奇。咨尔于中枕葄者，尊闻要在勉行知。”又云：“书院层楼静且深，菁莪宣饫众青衿。吾云万卷包一字，君道无多只在钦。”

万卷楼下为书院学生观书之所，楼前瓦屋三间，开设学古堂，讲授古学，读书人趋之若鹜，培养出数批文学之士，人称“北方桐城文派”。

可惜的是，莲池书院今日之万卷楼已为商家经营使用，不再具备藏书功能。

（三）花南研北草堂

花南研北草堂位于濯锦亭西北，这是一组平房，硬山布瓦顶。历史上原为两进院，由三排建筑组成，现为一进院。此处环境清幽，因此将它比作杜甫在成都的草堂。“花南”是指一种观赏美景的状态，“研北”之“研”，古文通“砚”，人坐砚台之北，指一种写作状态。“花南”和“研北”都是一种虚拟的情景，可以理解为赏景而述作，指明此景为适于文人赏景而述作之处。前庭名“清馀于适”，意思是清净、宽裕而舒畅，是宴请宾客的地方。后排正房名“时术斋”，意思是时时学习的地方，乾隆曾多次驾临在此召见直隶官员。左边的屋子叫“重阓之居”，意思是幽深的神仙住所。右边的屋子叫“因树轩”，借用东汉申屠蟠终生不仕，“因树为屋”的故事，比喻此处是适于隐居之所。

乾隆在《莲池行宫十二景题咏·花南研北草堂》中赞叹道：“别有平台宛转廊，绯桃绿柳艳韶光。若云不羡清幽好，何必颜堂曰草堂。”又云：“花南背日图观丽，研北当春欲咏妍。自是诗人会心处，以云经义岂其然。”“会心每以花南值，得句还于研北酬。灯右观书新著

花南研北草堂

句，研京者亦此知不。”

草堂前有一副楹联，“瓶花落砚香归字；院竹敲窗韵入琴”，撰者不详，书者为清代书法家王文治。王文治（1730—1802年），字禹卿，号梦楼，江苏丹徒人，生有夙慧，十二岁能诗，即工书。清乾隆三十五年（1770年）一甲三名进士，时人因称“王探花”。官翰林侍读，出为云南临安知府。乾隆南巡，至钱塘僧寺，见文治书碑，大为赞赏，内廷招之出仕，不应。王文治的书法源出董其昌，又得力于李邕，晚年学张即之。善行书，字体俊秀潇洒，飘逸流畅，兼有所宗各家之长，但是过于妩媚，有人讥之“轻佻”。王文治与钱塘梁同书齐名，世称“梁、王”，同时与刘墉埒有“浓墨宰相（谓刘墉专讲魄力），淡墨探花（谓王文治专取风神）”之誉。

今日的花南研北草堂为陶埙艺术馆所使用，是面向公众弘扬我国传统文化的重要窗口。

（四）高芬阁

高芬阁位于北塘北岸正中，南与藻泳楼相望。歇山顶，高两层，四周有廊道。南侧有平台伸向水中，便于赏荷。方观承在《莲池行宫十二景图·高芬阁》中描述道：“每当风清月晓，翠盘擎露，红萼卷凉，襟袖之间，别饶肃爽。”因此借用《晋书·郗鉴传》赞语“高芬远映”的词句来赞美荷花，谓高洁的节操灿如日光，远照四方。阁联“林荫晴和，兰言曲畅；流水

高芬阁

今日，修竹古时”，书者为清代书法家王文治。乾隆在《莲池行宫十二景题咏·高芬阁》中赞叹道：“延楼连属贮羲文，相映罘罳瑞色氲。那更名言藉司马，早应此阁号高芬。”又云：“餍饫于斯优以游，无妨书院有重楼。高芬设引济阴喻，应在其人公正求。”“三朝文治继绳修，方伯历年锡字留。六艺高芬千古永，陈家那数御书楼。”

清光绪二十六年（1900 年）秋，英、法、德、意四国联军侵至保定城，分区占据 10 个月之久，四处烧杀淫掠。莲池行宫的主要建筑被焚烧殆尽，珍宝和文物被洗劫一空。

清光绪二十七年（1901 年）冬，袁世凯出任直隶总督，为了迎接从西安回銮的慈禧和光绪，着手修建行宫及御苑。由于清政府不拨银两，加之地方财力不足，因此未能恢复原貌，高芬阁二层建筑只得修建成高芬轩一层建筑。2005 年，高芬阁落架重修。

（五）宛虹亭

宛虹亭位于北塘中央，为重檐八角攒尖顶，共两层，高 12 米。内柱之间以格扇为门窗，门内有旋转式木梯直通顶层，下层檐柱之间安装坐板。行宫时期，此亭是五柱虚敞的圆形攒尖顶亭，状似斗笠，因此又被叫作“笠亭”。清光绪年间，此亭被改为八角形，因四面临水，因此又名“水中亭”“水心亭”，1931 年改称“临漪亭”（元代雪香园中的亭名）。宛虹亭是北塘的中心景观，地位突出，在园艺技法中，此亭属于水东楼与君子长生馆之间的“添景”，使对景中间不虚空，更加有层次。

宛虹亭这个名字与亭南的拱形石桥相关，直隶总督方观承在《莲池十二景图·宛虹亭》中说道：“相如赋云‘宛虹施于楯轩’，缘其偃蟺水心，故取诸此。”意思是因为笠亭和拱桥覆盖并相连在水塘中心，所以把司马相如《上林赋》中“宛虹施于楯轩”的意思用到这里，以此来为它命名。

宛虹亭的亭顶造型很独特，像一顶翻卷的莲叶托着一个桃子。1900 年 8 月，八国联军攻陷北京，发生了历史上有名的“庚子之变”，慈禧挟光绪连夜脱身逃往西安。1901 年秋，为了迎接回銮北京的慈禧，直隶总督袁世凯下令将永宁寺改建为行宫，重修莲池作为行宫御苑，当时有一位老工匠巧妙地将行宫一座凉亭的亭顶造成了“莲叶托桃”的样式。当生性多疑的慈禧宴乐之余，来到这里得意扬扬地游赏景物时，突然两眼直勾勾地盯住了那个凉亭的亭顶，在场的官员原以为慈禧从没见过这种造型，一定会大加赞赏。可谁知刹那间，慈禧的脸由红变紫，由紫变青，半晌喘不过气来。直隶官员们见此，个个吓得直叩响头。慈禧当即传旨，捉拿设计亭顶的人，就地处死。这时人们才恍然大悟，“莲叶托桃”恰恰谐了“连夜脱逃”之音，揭了慈禧“庚子之变”的丑事。于是，官员们又是毁亭，又是杀人。老工匠为了不牵连别人，挺身而出，壮烈就义，死时连名字都没有留下。后来人们为了纪念这位爱国老工匠，就把行宫和御苑的亭顶都建成了“莲叶托桃”的样式，并一直保留到今天。

宛虹亭

（六）鹤柴

鹤柴位于君子长生馆以西，原为行宫养鹤的地方。这里有一座六角攒尖亭，名“鸟隅亭”，亭名的牌匾是由直隶总督方观承题写的。院内一对铜雕仙鹤依傍着一棵松树，寓意松鹤延年。历史上，鹤柴包括现在的鹤柴、昆阆院及保定市总督署购物广场的一部分。方观承在《莲池行宫十二景图咏·鹤柴》中描写道：“高槐疏柳，白石苍苔，仙客羽衣，翩跹其下，伫轻倏于春水，警凉露于秋宵，故是幽禽之胜宅也。”乾隆在《莲池行宫十二景题咏·鹤柴》中写道：“只宜古柏堪为柴，也许潜鱼可结邻。不必禽经征故事，九皋深意缅风人。”又云：“胎仙曾是著仙经，禽也而非凡鸟形。但以格高宜缀景，惜他每被翦双翎。”

新中国成立后，鹤柴改建为昆阆院和永华

鹤柴

派出所。2008 年 9 月，永华派出所被拆除搬迁。2009 年 6 月，恢复了鹤柴的部分景观。莲池"后三景"——鹤柴、绎堂和蕊幢精舍的建成，标志着清朝鼎盛时期的莲池行宫十二景全部恢复，不仅丰富了古莲花池这座古典园林的景观，还增添了文化神韵。

（七）蕊幢精舍

蕊幢精舍原为佛寺，位于西荷塘南侧。方观承在《莲池行宫十二景图咏·蕊幢精舍》中描写道："绀宫碧殿，莲树花台，备诸尊胜。"蕊幢精舍的整体建筑为相连的两个院落，正院在西，前为佛殿，后为高二层的藏经楼。跨院在东，为栖止之所，有煨芋室、十诵禅房等。

新中国成立之初，蕊幢精舍被拆除，原址改建为河北省博物馆大楼。1984 年河北省博物馆迁往石家庄市后，该楼为保定市文物管理所使用。2008 年 9 月，该楼被拆除，恢复行宫时期的蕊幢精舍。

蕊幢精舍这组建筑在佛家建筑中属于中等偏小的规模，走进其中，首先是垂花门，在佛家建筑中叫山门。许多寺院都在深山密林中，所以第一道门便称"山门"，而"三"和"山"音近，故此一般山门又由 3 道门组成，象征佛教的空门、无相门、无作门的"三解脱门"。蕊幢精舍此处的建筑规模较小，只有一道门。门前有一副楹联，"绀宇清严镜水深；闲房幽寂竹阴森"，是莲池书院院长张叙撰书的。穿过垂花门便是篆窠，这是 3 间穿堂形式的殿堂。在大的寺庙中叫天王殿，因在其中供奉着弥勒佛和四大天王而得名。篆窠是烧香拜佛之所，因盘香燃烧时烟雾状如"篆"字而得名。穿过篆窠便是藏经楼，因其收藏《大清三藏圣教真经》而得名，内奉大雄教典 724 函、7240 卷。在大的寺庙中，过天王殿后依次为大雄宝殿、法堂、藏经楼、方丈室等，大雄宝殿里供奉主尊释迦牟尼像，而蕊幢精舍的此处是集大雄宝殿和藏经楼于一身。蕊幢精舍的东院为煨芋室和十诵禅房，在大的寺庙中，寺院的东侧为僧人生活区，包括僧房、香积厨、斋堂、茶堂、职事堂（库房）等，西侧主要是云会堂（禅堂），以容四海云游僧人而名。蕊幢精舍的此处合二为一，煨芋室为僧人生活区，十诵禅房为接待云游僧人的地方。

蕊幢精舍

（八）藻泳楼

藻泳楼位于中心洲中部，坐南朝北，与北岸的万卷楼相望，二层重檐歇山顶，高约13米，两层都有回廊环护。前面有假山高耸，后面左右有芳沼环绕。方观承在《莲池行宫十二景图咏·藻泳楼》中描写道：“嘉木扶疏以映阶，灵石偎佹以延牖。当夫春波既演，凭高缀赏，自觉鱼鸟咸来亲人，咏在藻之雅篇，洵凫鹥之足乐也。”楼名“藻泳”是因为楼后南塘中的绿藻在水中漂游，十分惹人注目。“藻漾波心致可凭”（见乾隆《莲池杂咏》），这是写初春时节南塘中的“藻泳”。“楼头动藻影”（见方观承《莲池行宫十二景图咏·藻泳楼》），这是写夏天楼头闪动的“藻影”。乾

藻泳楼

隆在《莲池行宫十二景题咏·藻泳楼》中赞叹道："波漾风行镜里披，青蒲白芷画中猗。朱栏小凭知鱼乐，正是濠梁春水时。"乾隆还曾为此楼赋诗三首，分别是："高阁临溪俯上层，春时冰解尚疑冰。绿蒲白芷斯犹未，藻漾波心致可凭。""溪楼临水俯清漪，水底依然绿藻披。游泳文鳞自知乐，问拈毫者可同斯？""碧水溶溶上有楼，俯栏可以数鱼游。葩经取喻不一足，会意唯人在自求。"

1900年，藻泳楼曾遭英、法、德、意四国联军焚毁，1902年重建为"藻咏厅"（单层）。五四运动时期，直隶保定各校的仁人志士在这里成立了联合会，古莲花池成为河北中部爱国人士宣传科学与民主、唤起民众思想觉悟的活动中心。1951年曾改称"康乐厅"，不久又复名"藻咏厅"。

现在所见的建筑是2002至2005年间，按照行宫时期的形制落架重修的。楼前的一对铁狮子，摆放位置迥异，显示了女性地位的重要。迎面一麻姑献寿石雕，为保定曲阳石雕之精品。

（九）寒绿轩

寒绿轩位于莲池行宫的东南角，面阔五间，高敞西向，轩前种竹数百竿，寒绿森森。方观承在《莲池行宫十二景图咏·寒绿轩》中描写道："时于檀栾茂密中披襟匡坐，可以佐静宜幽。"寒绿轩的轩名取意于宋代欧阳修《刑部看竹效孟郊体》中的诗句"竹色君子德，猗猗寒更绿"。轩南有个宅院，叫"竹烟槐雨之居"，宅名取自宋代吴文英《梦窗词·数日西风》中的"绿水暂如许，奈南墙冷落，竹烟槐雨"。行宫时期，这里曾为莲池书院的南园，作为"课士谭燕之所"，即学习讨论、居住的地方。乾隆在《莲池行宫十二景题咏·寒绿轩》中赞叹道："无碍岁寒曰有筠，春来绿色又从新。池中埭上皆君子，舍此应为何等人？"乾隆还曾为寒绿轩赋诗三首，分别是："因今人远致轩深，步入原来君子林。咨尔个中乐君者，毋忘有叟自修心。""绿径披云虽觉曲，虚轩悬月却成宽。后凋应识同松者，只为稜稜耐得寒。""竹径延长不在多，寒萧飒更绿婆娑。坐轩人设卫风展，君子应怀勉切磋。"

现在所见的建筑是2002至2005年间，按照行宫时期的形制落架重修的。今辟为"古莲花池今昔图片展"，共3个展室，第一展室是《绘画中的古莲花池》，第二展室是《照片中的古莲花池》，第三展室是《我与古莲池》。

寒绿轩

（十）绎堂

绎堂位于南塘南岸的平地上，为坐西朝东的3间平房，前有抱厦，后有浅廊，这里曾是习射的场地。清朝是游牧民族以“马上得天下”建立起来的政权，因此十分重视骑射技艺，清初李绅文重修莲池时即在此建有射圃。那么后来为何不直接叫“射圃”而叫“绎堂”呢？方观承在《莲池行宫十二景图咏》中解释道：“《礼》云‘射之为言者，绎也’，义取诸此。”

绎堂这组景观还包括驻景楼和不如亭。历史上驻景楼的位置还偏南些，大约在莲池会馆最东边那栋楼的位置。现在的驻景楼是新中国成立之初建设的文化馆，1996年进行了改造，外接了廊檐抱厦，并命名为驻景楼。不如亭原名“苍然一形”，清光绪五年（1879年）时更名为不如亭。

绎堂

清道光二十六年（1846年）时绎堂已不复存在，直隶总督讷尔经额（字近堂，费莫氏，满洲正白旗人）“于池南宽敞处重辟一区，为校阅五营兵技之所”（见讷尔经额《莲花池增修射堂记》），取名为“射堂”。现在的绎堂是2008年在1846年射堂遗址上按照行宫时期绎堂的图样重建的。

（十一）篇留洞

篇留洞位于藻泳楼的东北处，洞上是一座大型假山，中部为泥土，周围是叠砌的山石。行宫时期，山上有一“香茅覆顶”的小亭子，叫“乐胥亭”，乐胥是快乐之意，取义于《诗经·小雅·桑扈》：“君子乐胥，受天之祜。”后来改建为体态空灵的四角小亭，名“观澜亭”。站在亭台，可以眺望碧波荡漾的荷塘，

篇留洞

故名“观澜”。清末，直隶总督杨士骧曾题写匾额“观澜”。

篇留洞是一个人工石洞，在乐胥山的腹部，方观承在《莲池行宫十二景图咏·篇留洞》中描写道：“初入甚黑，俄顷豁然。仰观天光，云根苍润，气蒸蒸如滴，疑有乳泉、芝髓出其间。”篇留洞有3个洞口，分别面向3个河塘，很像汉字“人”字。3个河塘犹如3个“口字”，正好组成汉字“品”字。东西一条甬路把荷塘分为南、北两部分，象征着古莲花池是一品园，这充分体现了我国古代人民高超的造园艺术。出南口为“石衖”，它是南、北塘相连的东水道，一面为峭壁，犹如深谷，以此得名。出北口是中心洲的东西甬道，洞口嵌着乾隆题写的洞名与咏景诗的刻石。出西口为柏树林。

乾隆很喜欢此景，曾4次为它题诗（今洞壁尚嵌诗碑两方），并以宋代苏轼《夷陵县欧阳永叔至喜堂》中的“清篇留峡洞”之句为其命名，洞名刻石也是乾隆的手笔。乾隆在《莲池行宫十二景题咏·篇留洞》中赞叹道：“牝谷含虚径转幽，云浆疑自乳钟流。笑予诗句非坡也，一例镌崖七字留。” 乾隆的另外3首题诗分别是：“径循石洞有篇酬，偶尔无过佳兴投。却顾随行方伯语，还应嘉政为民留。”“叠起假山嵚且岑，嵚岑下委洞幽深。三番于此留篇矣，只是渴贤一片心。”“假山宛转栈蹊修，牝洞得来深且幽。摘句吾原学杜史，逮今曾是四篇留。”

1963年，保定发生水灾，篇留洞四周坍塌，后由古莲花池的员工重砌。2005年，聘请专业园林师重砌篇留洞东侧及南侧的叠石，再现了清代盛景。

（十二）含沧亭

含沧亭位于篇留洞的东北处，是一座桥亭，也叫廊桥或屋桥，上亭下桥，南、北两侧的檐柱间设有护栏，既可供游人过河，又可供游人避雨、坐憩和驻足赏景，南塘东沟回归北塘的水流经桥下。方观承在《莲池行宫十二景图咏·含沧亭》中这样描述此亭：“亭跨池东水上。西挹弥淼，东注石窦，湍飞流激。每凭风延咏，如闻濯缨之歌。”亭名取义孔子和孟子对《沧浪歌》（濯缨之歌）的阐释。乾隆在《莲池行宫十二景题咏·含沧亭》中赞叹道：“曲峡盈科就下行，泠泠落落若琴鸣。勖哉负笈来游者，宜味沧浪之水清。”此诗告诫莲池书院的学生要如濯缨之清水，做对社会有用的人。又云：“东注西承原委别，溪堂置闸绿波存。载咨入见诸疆吏，可识清为出活源。”

含沧亭

现在所见的建筑是 2002 至 2005 年间，按照行宫时期形制复原的，匾额为清代著名书法家何绍基所书。

四、河北省其他行宫遗存

（一）口外行宫

清代，从北京至承德避暑山庄的途中修建了多座行宫。以北京市密云区的古北口为分界点，京城至古北口之间的行宫被统称为“口内行宫”，古北口至承德避暑山庄之间的行宫被统称为“口外行宫”。口外行宫按照功能明确分类：专为饮水、吃茶点休息者而设的茶宫；为中途御膳而设的尖宫；供居住休息、游览消夏之用的驻宫。这些行宫随着不同历史时期的需要，经历了新建与裁撤的变迁，总计达 33 处。其中，一些具有代表性的行宫包括：巴克什营行宫（尖宫）、两间房行宫（驻宫）、常山峪行宫（驻宫）、鞍子岭行宫（茶宫）、王家营行宫（尖宫）、花鱼沟行宫（桦榆沟，驻宫）、喀喇河屯行宫（驻宫）、热河行宫（避暑山庄，驻宫）、蓝旗营行宫（滦平小营，驻宫）、钓鱼台行宫（尖宫）、黄土坎行宫（尖宫）、二沟行宫（驻宫）、头沟汤泉行宫（尖宫）、中关行宫（驻宫）、什巴尔台行宫（尖宫）、波罗河屯行宫（驻宫）、张三营行宫（驻宫）、唐三营行宫（驻宫）、东庙宫（茶宫）、西庙宫（茶宫）、济尔哈朗图行宫（驻宫）、阿穆呼朗图行宫（驻宫）等。

（二）邯郸慈禧行宫

邯郸慈禧行宫位于邯郸市丛台区黄粱梦镇吕仙祠中轴线西侧，为传统的北方两进四合院建筑，宫门向南，前院为接官厅，厅后为五间宽的门厅，是行宫的奏事房。后院主房五间，即为慈禧休息和接见官员之处。清光绪二十六年（1900 年），八国联军攻占北京，慈禧挟光绪逃命西安。次年，《辛丑条约》签订后，慈禧和光绪自西安回銮，黄粱梦邯郸行宫即为慈禧沿途所建行宫之一。据陪同慈禧和光绪回銮时的官员吴永口述、由刘治襄记录出版的《庚子西狩丛谈·卷五》记载：“辛丑（1901 年）十一月十二日，（两宫）自彰德起銮，驻跸磁州。十三日由磁州起銮，至邯郸县（今邯郸市邯山区）驻跸。十四日，由邯郸起銮，申刻抵临洺关驻跸。

奉旨，明日驻跸一天。十六日驻顺德府。”由此可知，慈禧和光绪在邯郸一共在3个地方住了4夜（磁州一夜、邯郸县一夜、临洺关两夜）。但是经查，磁州城内没有行宫，也没有找到行宫的建筑遗址，史书文献上磁州也没有修建行宫的记载。至于在临洺关驻跸的两夜，据《邯郸大事编年》记载，是驻跸在“小天坛”，也没有新建行宫。因此，邯郸境内就只有在县城内修建了一座行宫。但是据《广平府志》记载却有3座：“一在邯郸县城内，二在城北吕仙祠，三在磁州城内。”磁州城内的行宫如前文所述已不存在，只有“邯郸县城内”和“城北吕仙祠”内的行宫。

（三）保定慈禧行宫

保定慈禧行宫位于保定市天威中路351号，保定市第二中学校园内，是1903年直隶总督袁世凯为慈禧建造的行宫。

保定慈禧行宫起初为建于北宋时期的永宁寺，清光绪二十六年（1900年），永宁寺被英、法、德、意四国联军焚毁。清光绪二十九年（1903年），直隶总督袁世凯为迎接慈禧和光绪谒西陵来保定，于永宁寺故址修建行宫。宫门形制与灵隐寺行宫、直隶总督署和保定军校大门相同，前院建议事厅和东厢房、西厢房，中院为光绪、慈禧及随行僚属的住所，前院和中院皆环廊相通，后院为花园，园内东部北侧建戏楼。“文化大革命”时期，戏楼被拆毁。戏楼前的荷花池水引自莲池，园内植海棠、玫瑰等花木

和花本花卉点缀其间。

民国时期，保定慈禧行宫多为驻防军队占用。文教界曾拟于此建直隶省博物馆，因驻有军队未果。1935年，在日本的逼迫下，中央军、东北军调出京津冀地区，万福麟因与日本关系密切而未被调走，移驻保定，河北省政府被迫由天津返回保定。五十三军驻行宫前院和中院，河北省教育厅驻行宫后花园。1937年9月保定沦陷，1938年日伪恢复保定师范学校，因西关校址有日军驻守，于是在行宫开课。当时未建中学，因此在保定师范学校设中学部。

1939年，伪河北省公署由天津迁往保定，伪河北省教育厅驻行宫后花园。1941年12月8日，太平洋战争爆发，日军接管美国在保定开办的教会及所属学校和医院。日伪当局将保定师范学校的中学部迁至基督教的同仁中学，并与同仁中学合并，称兴亚中学，春季开学时改称保定中学。

1946年春，救济失学的保定中学进修班于行宫后花园建立。当年暑假，保定师范学校迁回西关校址。基督教公理会向国民政府提出收回校产，恢复同仁中学，保定中学由同仁中学迁入行宫，保定中学进修班迁入同仁中学东院办学。

1949年3月，保定市第二中学在保定慈禧行宫旧址建立，直至今日。1984年6月，保定慈禧行宫被列为市级文物保护单位，保护范围为现存建筑四周各2米。2005年，保定慈禧行宫的前院得到全面维修。

典藏篇

（1092～1096年）
图中绘有枕

第四章　故宫收藏的河北技艺——瓷器类

故宫博物院是我国最大的古代艺术品宝库，在近百万件藏品中，陶瓷器占约35万件，另外还收藏有数千件实物资料和自1949年以来故宫博物院研究人员从全国各地150多个重要窑口采集的3万多片瓷片标本。其中，河北省的定窑、邢窑和磁州窑久负盛名，相关文物的收藏数量颇丰，有记录的定窑瓷器637件、邢窑瓷器13件、磁州窑瓷器369件。下面列举一些典型器物并辅以介绍。

故宫收藏的定窑和邢窑部分陈列

一、定窑

（一）故宫收藏的唐代至五代定窑名品举要

目前所知唐代窑址多集中在河北曲阳县涧磁村的村北和村东一带，窑址所见唐代白瓷，有的足以媲美邢窑的精细白瓷，还有透影白瓷，一直延续到宋金时期尚能生产。其中，晚唐、五代白瓷多为碗、盘、壶、盆、炉，以及小型玩具之类。胎体较厚，质地较粗，胎色灰白或略黄，因施加化妆土而釉色较白。一般挂釉多不到底足，聚釉处呈青绿色。厚胎器物釉质较粗，有少数细密开片，胎釉精致者较为纯净，釉色莹润。

1. 定窑白釉刻划绦带纹皮囊壶

定窑白釉刻划绦带纹皮囊壶是清宫旧藏，为唐代河北曲阳定窑烧造的代表。瓷质皮囊壶系仿西域游牧民族盛水用的皮质囊器制作而成，公元 9 世纪的唐墓中多有出土，盛行于辽代。同类型器物，故宫博物院还收藏有定窑白釉刻“徐六师记”铭皮囊壶等。

2. 定窑白釉四足水丞

定窑白釉四足水丞造型规整，为直口、短颈、丰肩、直腹、腹下斜收、平底。水丞腹部均匀分布着 4 条仿皮条装饰，条带顶端对应的肩部各有一圆形饰物，模仿铆钉，条带下端接 4 只兽形足。故宫博物院内唐代至五代的定窑水丞精品均有收藏。

定窑白釉刻划绦带纹皮囊壶

定窑白釉四足水丞

3. 定窑白釉花口碗

定窑白釉花口碗，高4.1厘米，口径12.9厘米，足径5.1厘米，为故宫博物院旧藏，烧造于晚唐时期，碗口呈五瓣葵花式，斜壁内收，圈足。里外施白釉，釉色白中泛青，外壁底边有不规整的垂釉痕。

晚唐时期，定窑逐渐发展成为以烧造白瓷为主的瓷窑，此时的定窑白瓷已相当精致，胎质洁白细腻，造型规整优美，釉色显白或白中泛青，碗、盘类瓷器采用正烧法，工艺比较精细，此碗即为代表。

4. 定窑白釉刻划“官”字铭碗，定窑白釉刻划莲瓣纹“官”铭盖罐

定窑白釉刻划“官”字铭碗，高6.6厘米，口径17厘米，足径6厘米。定窑白釉刻划莲瓣纹“官”铭盖罐，高6.7厘米，口径5厘米，足径4.9厘米。二者均是五代时期河北曲阳定窑烧造，属同一时代白釉瓷器中的精品。

铭刻这种“官”字款是晚唐至北宋时期，防止皇室或官府烧造器物与民用器物相混淆的一种措施。与同时期不署“官”字款的定窑瓷器相比，这些“官”字款瓷器的制作工艺相当精细，属于精品，已达到宫廷用瓷的标准。在北京故宫博物院和台北故宫博物院，有数件“官”字款定窑瓷器收藏，器型以盘、碗、水丞、罐等为主。据不完全统计，目前所见国内外收藏的署“官”字款的定窑瓷器大约有80件。

定窑白釉花口碗

定窑白釉刻划“官”字铭碗

定窑白釉刻划莲瓣纹“官”铭盖罐

（二）故宫收藏的北宋定窑名品举要

1. 定窑白釉孩儿枕

定窑白釉孩儿枕，高 18.3 厘米，长 30 厘米，宽 18.3 厘米，这件瓷器的造型可以说是定窑最具代表性和辨识度的。古人喜欢使用玉枕、瓷枕，因为玉、瓷可以爽身怡神，甚至有“明目益睛，至老可读细书”的作用。瓷枕在宋代广为流行，宋代的定窑匠师独具匠心，将瓷枕塑造成一个天真、活泼、可爱的男孩儿形象。孩童眉清目秀，眼睛圆而有神，神情悠闲得意。整件作品线条柔和流畅，细部刻画极为生动传神，成为我国古代瓷器中的名品。

2. 定窑白釉模印孔雀牡丹图盘

定窑白釉模印孔雀牡丹图盘，高 5.5 厘米，口径 31 厘米，足径 12.5 厘米，盘内壁印 4 只孔雀穿牡丹花，内底印双雁穿花，纹饰之间以一周回纹相隔，精美绝伦。

印花装饰是定窑白瓷最具代表性和最富表现力的装饰技法之一，这一工艺成熟于北宋中后期，金代更为普及。其做法是将半干的坯体扣在雕刻有图案的模具上，用手拍打，使花纹印到器物上，然后施釉入窑烧成。虽然早在新石器时期的陶器上已见印花技法，但其纹样是以小块模具重复拍印而成，而定窑瓷器则用整

定窑白釉孩儿枕

定窑白釉模印孔雀牡丹图盘

块模具将纹饰一次拍印完成，操作简便，易于批量生产。

3. 定窑白釉刻划缠枝牡丹纹梅瓶

定窑白釉刻划缠枝牡丹纹梅瓶，高 37.1 厘米，口径 4.7 厘米，足径 7.8 厘米，是宋代定窑梅瓶的标准式样。此瓶造型挺拔，自上而下由菊纹、缠枝莲纹、蕉叶纹装饰，优雅自然，落落大方。

刻花和划花是定窑常见的装饰方法，常用于瓶、钵、碗、盘等器物上，纹饰有云龙、莲瓣、荷叶、萱草、游鱼、游鸭纹等。

4. 定窑白釉刻划蟠螭纹直颈瓶

定窑白釉刻划蟠螭纹直颈瓶，高 22 厘米，口径 5.5 厘米，足径 6.4 厘米，瓶身造型优美，胎体洁白，螭龙纹刻划得矫健生动，刀工遒劲有力，线条自然清晰，为定窑的上乘佳作。

5. 定窑酱釉盖碗

定窑酱釉盖碗，高 6 厘米，口径 12 厘米，足径 5.3 厘米。

宋代定窑素以烧造白釉瓷器著称，但其实定窑也有黑釉、酱釉瓷器精品传世，俗称“黑定”“紫定”，由于这些器物烧造数量较少，因此更显珍贵。

6. 定窑白釉刻花卉纹唾盂

定窑白釉刻花卉纹唾盂，高 7.4 厘米，口径 17.8 厘米，足径 4.6 厘米，造型端正，刻有

定窑白釉刻划缠枝牡丹纹梅瓶

定窑白釉刻划蟠螭纹直颈瓶

定窑酱釉盖碗

定窑白釉刻花卉纹唾盂

折枝花卉纹样装饰，胎体细腻坚硬，釉质细润光滑，是定窑瓷器中的佳品。

（三）故宫收藏的金代定窑名品举要

定窑白釉剔划化妆土花鸟图腰圆枕，高17.7厘米，面横30.3厘米，面纵26厘米，底横30厘米，底纵24厘米，整体呈腰圆形，微出沿，枕面前低后高。胎体施化妆土，枕面中心花形开光，内剔刻一株折枝花卉纹，枝头上的绶带鸟正在振翅鸣叫。开光外饰卷草纹，枕侧上下随形划弦纹，弦纹之间剔刻缠枝花叶纹。枕身施透明釉，底不施釉，有两个圆形通气孔。

北方地区的磁州窑、定窑、钧窑、耀州窑等瓷窑在金代都有一定的发展，如磁州窑的虎

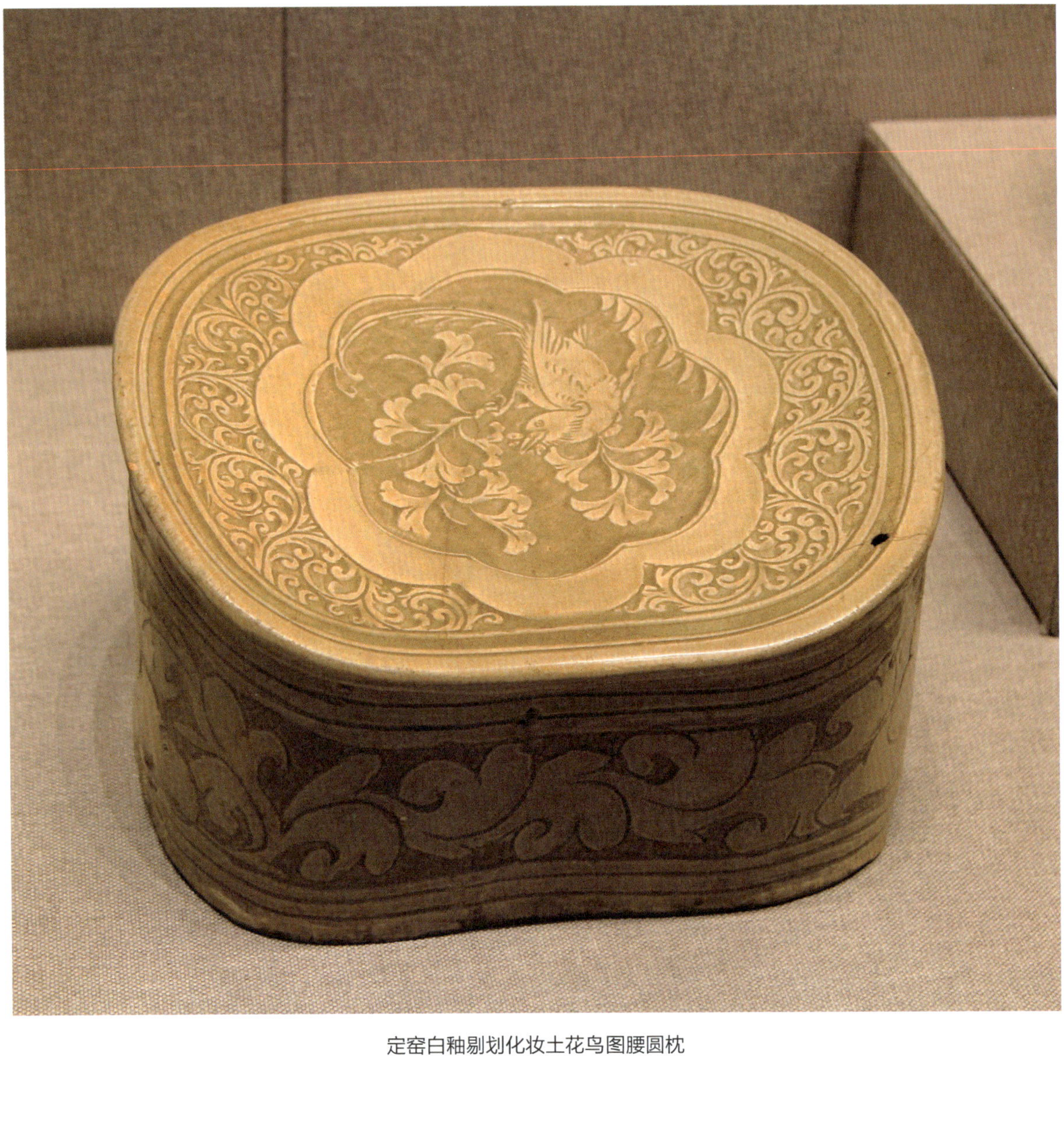

定窑白釉剔划化妆土花鸟图腰圆枕

形枕、定窑的印花瓷器、耀州窑的月白釉器等都是当时的典型器物。

二、邢窑

邢窑窑址位于今河北省内丘、临城一带，邢窑之用，在唐代最盛，唐人对邢窑多有记述，陆羽《茶经》中有“邢瓷类银”的评价，李肇在《国史补》一书中称：“内丘白瓷瓯，端溪紫石砚，天下贵贱通用之。”这说明邢窑白瓷在当时使用得极其广泛。不仅如此，邢窑白瓷与越窑青瓷都被作为地方名瓷向宫廷进贡，并成为最早的贸易用瓷之一运往海外，受到各国人民的喜爱。

1. 邢窑白釉点彩子母狮塑像

邢窑白釉点彩子母狮塑像，高 10.8 厘米，底边长 6.3 厘米，母狮昂首，两眼凸起，双耳直立，张口露齿，长须卷发，前腿直，后腿曲，尾上卷，伏卧于台上，母狮两前腿间有一小狮趴卧。狮身皆施白釉，母子双狮的眼睛及母狮腿部均点以褐彩。台为正方体形，四周施褐色釉，浓重处呈黑色。唐代瓷器的品种和造型新颖多样，此件白釉子母狮姿态雄健，浑厚古朴，为唐代瓷塑艺术的一件杰作。

邢窑白釉点彩子母狮塑像

2．邢窑白釉刻弦纹瓶

邢窑白釉刻弦纹瓶，高14.4厘米，口径6厘米，足径7.2厘米，器型在邢窑白瓷的传世作品中较为少见，故宫博物院收藏的这件瓷瓶虽然尺寸较小，釉面也仅以简单弦纹装饰，但是造型端秀，釉色纯净，仍能使人感受到大唐盛世雍容华贵的气质，有极高的收藏价值。

3．邢窑白釉葵口碗，邢窑白釉玉璧形底碗

邢窑传世以碗、壶形瓷器较多，故宫博物院收藏的唐代邢窑白釉碗造型端庄大气，釉色白若凝脂，玉璧底修刀规整，均为个中精品。

邢窑白釉刻弦纹瓶

邢窑白釉葵口碗，邢窑白釉玉璧形底碗

三、磁州窑

磁州窑因遗址所在地河北磁县古称磁州，因而得名，是北方著名的民窑。宋金时期的民窑瓷器装饰风格朴实、生活气息浓郁，以磁州窑和磁州窑系产品最具代表。磁州窑主要烧造白釉、黑釉、褐釉、白地黑（褐）花瓷和低温铅釉陶等，装饰技法常见彩绘、刻、划、剔等，装饰题材丰富，各种动物、植物、文字、诗词、谚语和反映民俗生活的人物等应有尽有，深受人们喜爱。

磁州窑中白地黑花装饰的瓷器最能体现出民窑那种粗犷豪放、雄健浑厚的艺术风格，人们习惯上将这种风格称作磁州窑型。其最基本的特征是在白度不高且比较粗糙的胎体上施一层化妆土，以达到粗瓷细作的效果，然后在这层化妆土上施用各种装饰手法，因而形成了磁州窑特有的风格。

受磁州窑的影响，宋金元时期，河北、河南、山东、陕西、山西等地的瓷窑均曾烧造类似风格的瓷器，形成了庞大的磁州窑系，其中较为重要的有河南的登封窑、当阳峪窑、扒村窑等，山西的大同窑、河津窑、长治窑等，华南地区有广东海康（今雷州）窑，西南地区则有四川成都琉璃厂。

磁州窑系（登封窑、当阳裕窑等）部分作品

（一）故宫收藏的宋金时期磁州窑名品举要

1. 磁州窑白地黑花花卉纹梅瓶

磁州窑白地黑花花卉纹梅瓶，高 46.8 厘米，口径 4 厘米，足径 10.3 厘米。

磁州窑白地黑花花卉纹梅瓶，高 39.4 厘米，口径 3 厘米，足径 9 厘米。

白地黑花为宋金元时期磁州窑最具代表性的品种，装饰效果类似我国传统的水墨画，其纹饰均为民间喜闻乐见的题材。如这两件梅瓶所绘花卉，以常见的莲瓣、花卉元素为主题，又辅以缠枝、卷枝等纹样变化，层次分明，上下呼应，自由活泼，富于生活气息。

2. 磁州窑白地黑花马戏图八方枕

磁州窑白地黑花马戏图八方枕，长 29 厘米，宽 21.3 厘米，高 11.2 厘米。八方形枕是磁州窑常见的枕式，在窑址调查中发现有专门烧造这种枕的窑场。传世八方形枕的装饰纹样多为花鸟、莲池、鸭、鸡、兔等，相比之下，这件磁州窑白地黑花马戏图八方枕更具人文气息。枕面中心绘骏马疾驰，马儿四蹄飞扬，尾巴翘起，马鞍上倒立一人，将马戏场景表现得活灵活现，神采飞扬。

3. 磁州窑白地黑花“镇宅”铭狮纹枕

磁州窑白地黑花“镇宅”铭狮纹枕，高 12 厘米，面横 24.5 厘米，面纵 17.6 厘米，底

磁州窑白地黑花花卉纹梅瓶

磁州窑白地黑花马戏图八方枕

磁州窑白地黑花“镇宅”铭狮纹枕

横 19 厘米，底纵 13.2 厘米。枕呈八方体形，通体白地黑彩装饰。枕面绘一雄狮，昂首凝目，四肢紧绷，似要一跃而出。枕左侧以黑彩书写楷体“镇宅”二字，枕边缘以黑彩随枕形描绘八方边线，枕侧面绘缠枝花草。

瓷枕以猛兽为纹，如狮纹、虎纹等，表达了人们祈求平安、逢凶化吉的美好愿望。此外，磁州窑的瓷枕上还经常选用婴戏、水藻鱼纹、花鸟等题材作为装饰。

4. 磁州窑白地黑花婴戏纹腰圆枕

磁州窑白地黑花婴戏纹腰圆枕，高 10.4 厘米，长 29.9 厘米，宽 22.5 厘米。磁州窑的器物装饰以婴戏作为题材的很多，如池塘赶鸭、打陀螺、蹴球、

磁州窑白地黑花婴戏纹腰圆枕

骑马、钓鱼、放爆竹等，不论是游戏、玩莲还是赶鸭，寥寥数笔就能将孩童天真、可爱的童趣表现出来。如这件腰圆枕，虽着墨不多，用笔简练，却生动传神。

5. 磁州窑白地黑花诗文如意头形枕

磁州窑白地黑花诗文如意头形枕，高 13.2 厘米，长 31 厘米，宽 22 厘米，经研究，确定这件瓷器系金代河北磁县观台窑烧造。瓷枕以如意头作为造型，体现了民间吉祥文化的精神追求，枕面黑彩勾边，内书行草体诗文："春前有雨花开早，秋后无霜叶落迟。"别有意境。枕的周壁同样以优美的卷草纹装饰，优雅精巧，韵味十足。

磁州窑白地黑花诗文如意头形枕

（二）故宫收藏的元代磁州窑名品举要

元代磁州窑主要烧制白釉黑花器，产品具有硕大、浑圆、厚重的特点。大盆、大罐、枕是主要产品，云龙、云凤、云雁、鱼藻为常见的纹饰。

磁州窑白地黑花龙凤纹罐，高 28 厘米，口径 16.5 厘米，足径 13 厘米。

磁州窑白地黑花云凤纹四系瓶，高 37 厘米，口径 6 厘米，足径 10.5 厘米。

磁州窑白地黑花龙凤纹罐

磁州窑白地黑花云凤纹四系瓶

第五章 故宫收藏的河北技艺——镶嵌类

镶嵌技艺是我国传统文化遗产中的瑰宝，不仅具有极高的艺术价值和文化内涵，还承载着丰富的历史信息和民族记忆，不仅代表了我国古代工匠们的智慧和创造力，还展示了我国传统文化的博大精深和独特魅力。如今，我们仍能在故宫博物院收藏的精美文物中欣赏到诸如花丝镶嵌、百宝嵌、金漆镶嵌等各种精湛的镶嵌技艺，这些技艺至今在河北地区仍有传承。镶嵌技艺使用金、银、铜、漆、宝石、珐琅、螺钿、象牙等多种名贵材质，不断融合创新各种复杂而精细的工艺流程，在历史的长河中不断发展和完善，成为宫廷艺术中最为缤纷璀璨、光彩夺目的重要组成部分。

故宫博物院收藏的镶嵌类器物种类丰富，数量庞大，涵盖了珍宝、金银器、漆器、玉石器、文具、生活用具、宗教文物等多个类别，粗略估计总数超10万件。故宫博物院收藏的镶嵌类器物中不乏精品和代表作，如金錾云龙纹葫芦式执壶、金嵌珠“万寿无疆”杯盘、百宝嵌虎丘云岩寺诗画双挂屏、紫檀框黄漆百宝嵌花卉图座屏、紫檀嵌玉云龙纹宝座、黑漆嵌螺钿山水人物花鸟图书格等，这些都是镶嵌技艺的杰出作品。这些器物不仅制作精美，而且寓意深远，既体现了皇家的尊贵和奢华，又蕴含了丰富的文化内涵和哲学精神。

（一）故宫收藏的花丝镶嵌名品举要

1. 金錾云龙纹葫芦式执壶

金錾云龙纹葫芦式执壶，通高28.8厘米，口径5.3厘米，足径10.1厘米，七成金质，成色较好。整体呈葫芦形，圆形口、足，壶身通体錾刻云纹，云海中錾刻二龙戏珠纹。执壶有

金錾云龙纹葫芦式执壶

盖，盖及壶身分别镶嵌珍珠及红宝石、绿松石、珊瑚石、青金石等各色宝石，近足处錾刻海水江牙纹。执壶有兽吞式流，流与壶之间有横梁相接。柄为龙形，柄与壶盖之间有金链相连。

此执壶的制作采用了錾刻和镶嵌两种工艺，錾刻的图案轮廓线凸起，而镶嵌的珍珠及各色宝石使其显得更加豪华富丽。此执壶有一对，应为皇帝、皇后举行盛宴时的御用酒具。

2. 金嵌珠“万寿无疆”杯盘

金嵌珠“万寿无疆”杯盘，通高 7.3 厘米，杯口径 7.1 厘米，盘高 2.2 厘米，盘径 18 厘米。金杯为圆形，敞口，圈足，内壁光素，外壁錾刻双龙，间饰宝相花，近底处有海水纹一周。

金嵌珠“万寿无疆”杯盘

杯两侧分别镂空透錾篆书“万寿”“无疆”为耳，双耳顶端均饰莲花托，上嵌东珠。金盘亦为圆形，折沿上錾刻宝相花一周，等距嵌饰东珠4颗。盘内錾刻朵云纹、莲花纹，嵌珍珠4颗。盘心起杯托，其上錾刻云龙纹。

此杯盘金质上乘，造型端庄，装饰华丽，工艺极其精湛，应是清代中期皇帝寿辰时所使用的酒具。

3. 金錾夔龙纹扁壶

金錾夔龙纹扁壶，高20.3厘米，宽14厘米，厚0.5厘米，口径4厘米，八成金质。壶体为扁圆形，圆口，直颈，扁圆腹，扁方足。颈以回纹为地，上饰三周弦纹，两侧饰夔龙耳。腹部两面纹饰对称，均以宝相花和夔龙为主体纹

金錾夔龙纹扁壶

饰。壶身侧面及足部亦以回纹为饰。

此扁壶的工艺技法以錾刻为主，是清代皇帝的御用酒具，扁壶上錾刻的夔龙纹图案使其愈显豪华富丽。

4. 金錾云龙纹执壶

金錾云龙纹执壶，高 31.5 厘米，腹径 16 厘米，金质，身较高，撇口，细颈。壶口上有一锥形盖，盖面自上而下分为 4 层，每层亦錾云龙纹。盖下有一锥形榫，插入壶口。颈中部饰一周素箍，其上呈条状分割，内饰云龙纹。壶腹呈球形，以纵向条纹分割，其间亦饰云龙纹，龙尾向上，龙头朝下，与颈部云龙图案方向相反。壶足似倒置漏斗，圆形，上细而下阔，饰云龙、海水、火焰纹。壶流细而长，整体光

金錾云龙纹执壶

素，口沿处錾花，下部饰兽面纹。

此执壶的造型借鉴了其他种类的器物，纹饰为浅浮雕，细密而少变化，具有稳定感，应是宫廷皇室使用的酒具。

5. 金累丝嵌珍珠宝石五凤钿

金累丝嵌珍珠宝石五凤钿，高14厘米，宽30厘米，重671克，以铁丝、纸板为架，其外缠绕以黑丝线编织而成的网状纹饰，表层全部点翠。前部缀5只金累丝凤，上嵌珍珠、宝石，口衔珍珠、宝石流苏。金凤下排缀9只金翟，为银镀金质，口衔珍珠、珊瑚、绿松石、青金石、红蓝宝石等贯穿的流苏。钿后部亦有几串流苏垂饰。

钿又称钿子，是皇后和妃嫔们平时戴的便帽。这种帽子一般用藤丝编

金累丝嵌珍珠宝石五凤钿

成帽架，也有的在纸板或细铁丝上缠绕黑色丝线为胎，并编成方格纹、钱纹、盘肠等形式，再用各种宝石、珍珠嵌于帽架上，组成各种吉祥图案。此钿使用大珍珠 50 颗，二、三等珍珠几百颗，宝石 200 余块，珠光宝气，富贵豪华，应是宫廷皇室在吉庆场合和传统节日时佩戴。

6. 金累丝嵌珍珠宝石九凤钿口

金累丝嵌珍珠宝石九凤钿口，长 14.5 厘米，重 47.5 克，钿口长形，稍有弯弧度。金累丝九凤，凤头顶大珍珠各一，口衔流苏，流苏由 7 颗珍珠构成，中间缀有碧玺、珊瑚、青金石等各色料石及坠角。

钿口是清代后妃戴用的冠帽（钿子），口沿上的装饰物，其纹饰多样。后妃多用凤纹钿口，有九凤、七凤、五凤等，九凤钿口为皇太后、皇后所

金累丝嵌珍珠宝石九凤钿口

戴用。

（二）故宫收藏的金漆镶嵌与百宝嵌名品举要

1. 黄花梨木嵌染牙木雕山水图宝座，黄花梨木边座嵌鸂鶒木染牙山水楼阁图屏风

黄花梨木嵌染牙木雕山水图宝座，高 98 厘米，长 96 厘米，宽 69 厘米。黄花梨木边座嵌鸂鶒木染牙山水楼阁图屏风，宽 212 厘米，通高 172 厘米。黄花梨木嵌染牙木雕山水图宝座后衬黄花梨木边座嵌鸂鶒木染牙山水楼阁图屏风，宝座与屏风均为三屏式。宝座靠背及两侧扶手的屏心为天青色漆地，在漆地上嵌饰鸂鶒木山水楼阁图。匠人们以良木、象牙为材料，精细雕琢出高山白云、楼阁掩映的山水画卷，自然飘逸，风雅绰然。宝座前还附有黄花梨脚

黄花梨木嵌染牙木雕山水图宝座

踏一只，充分考虑了实用性和舒适性。宝座整体用材厚硕，不计成本，嵌饰名贵材料，制作手法精致，为乾隆朝时期的一件精品。此宝座原陈设在宁寿宫的符望阁，清乾隆年间，每年腊月二十一日，乾隆会在此赏饭给王公大臣。遥想当年，乾隆坐于宝座之上赏赐大臣的场景，皇家气派，别具一番滋味。

2．朱漆髹金云龙纹交椅，黑漆髹金云龙纹交椅

朱漆髹金云龙纹交椅，长 118 厘米，宽 106.5 厘米，高 118 厘米，座高 50.5 厘米。黑漆髹金云龙纹交椅，长 74.5 厘米，宽 93 厘米，高 99 厘米。交椅因其腿部交叉，可折叠，便于携带而得名，同时也是一种权力的象征。朱漆髹金云龙纹交椅是康熙去承德避暑山庄必带的一件行李，可称得上是一把“王者之椅”。两把交椅都是髹金云龙纹，椅背正中的金龙高高跃出海面，腾云驾雾，威风凛凛。椅圈扶手把头圆雕龙首，支腿包夔龙金属装饰，气势恢宏。

黄花梨木边座嵌鸂鶒木染牙山水楼阁图屏风

朱漆髹金云龙纹交椅

黑漆髹金云龙纹交椅

3. 黑漆嵌螺钿山水人物花鸟图书格（一对）

黑漆嵌螺钿山水人物花鸟图书格（一对），高193.2厘米，长128.4厘米，宽54厘米，刻有“大清康熙癸丑年制”款（1673年），是康熙朝家具中的精品。书格周身髹黑退光漆，漆上以软螺钿和金、银片镶嵌成锦纹54种，花纹图案62种，山水人物图8种，华丽而不失雅致，可谓精美绝伦。

4. 紫檀木剔红嵌铜花罗汉床

紫檀木剔红嵌铜花罗汉床，长211厘米，宽100厘米，高104厘米。

5. 朱漆描金云纹长桌

朱漆描金云纹长桌，长101.2厘米，宽66.5厘米，高82.7厘米。

6. 黑漆描金缠枝莲纹琴桌

黑漆描金缠枝莲纹琴桌，长96厘米，宽45厘米，高71厘米，紫檀木质，平直长条形，直腿内翻马蹄，造型简练，中间有束腰，长度正适合垂下绦带。

琴桌与条桌近似，不同的是琴桌有一个巧妙的设计，即在底部另镶挡板，隔出空间，目的在于弹琴时使琴音在桌面下的空间产生共鸣，以起到音箱的作用。

黑漆嵌螺钿山水人物花鸟图书格

紫檀木剔红嵌铜花罗汉床

朱漆描金云纹长桌

黑漆描金缠枝莲纹琴桌

7．黑漆描金山水图菱花式几

黑漆描金山水图菱花式几，高86厘米，长54厘米，宽44.5厘米，海棠式，高束腰，壶门式牙子，牙头镂雕成卷云形。香几通体黑漆地描金，几面饰山水纹，束腰透雕卷草纹，几身遍饰蝙蝠、磬、如意纹等吉祥图案，间饰回纹及卷草纹。

香几是我国古代生活中用以承放香炉的一种家具，宋赵希鹄《洞天清录集》云："明窗净几，焚香其中，佳客玉立相映。"香几属于高足家具，不论用于室内或室外，总宜四无依傍，且往往置于中央。为使其从各个侧面观看均对称完美，香几在形制上多采用曲形结构，几腿常做成三弯式，修长优美，足下踩托泥，造型端庄婉丽。

8．黄花梨百宝嵌人物图顶箱柜（一对）

黄花梨百宝嵌人物图顶箱柜（一对），单柜高272.5厘米，横187.5厘米，纵72.5厘米，于黄花梨材上作镶嵌装饰，在家具工艺中较为少见。柜子分为上、下两部分，一般成对摆设，所以又称四件柜。柜子的合页、锁鼻、包脚皆为铜制，边框装饰螭龙纹，高贵庄严。柜面用螺钿、田黄石等嵌出各种人物、异兽、山石、花木，生动优美，华贵绚丽，自上而下嵌出历

黑漆描金山水图菱花式几

黄花梨百宝嵌人物图顶箱柜（一对）

史故事、婴戏图、番人进宝图等画面。

9. 紫檀框黄漆百宝嵌花卉图座屏

紫檀框黄漆百宝嵌花卉图座屏，通高237厘米，屏高204厘米，座高33厘米，通宽304厘米，中屏宽48厘米，侧屏宽38厘米。此屏风为九联八字式，紫檀木边框经能工巧匠之手，镶嵌有绳纹铜钱装饰，不仅增添了古朴典雅的韵味，更寓意着财富与好运的汇聚。屏心淡雅温暖的米黄底色之上镶嵌着五彩玉石花卉，栩栩如生，色彩斑斓。每联的顶端都镌刻着乾隆的御笔题诗，记录着乾隆对四季花容的审美与感怀。在屏风每联的上、下两端，还饰有精美的紫檀木雕开光勾莲花纹，并各附紫檀木雕如意纹边开光勾莲毗卢帽，使得屏风的整体造型更加庄重而富有层次感。屏风的底部则巧妙地设计了紫檀雕开光勾莲沿板三联木座作为支撑，这些木座不仅稳固耐用，而且与屏风的整体风格相得益彰，共同构成了一幅和谐统一的画面。木座上的开光勾莲图案与屏风上的装饰相呼应，使得整个屏风更加完整而富有艺术感染力。

紫檀框黄漆百宝嵌花卉图座屏

10. 紫檀嵌珐琅玉石楼阁人物图插屏

紫檀嵌珐琅玉石楼阁人物图插屏代表了宫廷匠人的巧思妙想，小小的插屏屏心内含夹层“鱼缸”，2018 年修复后展出时工作人员特意注水放入金鱼，重现了“鱼在画中游”的曼妙意境。

11. 紫檀木边框百宝嵌虎丘云岩寺诗画双挂屏，紫檀木边框百宝嵌寒山别墅诗画双挂屏

挂屏双连呈“吕”字形，边框使用各种玉石镶嵌出松、竹、梅图案进行装饰，每幅挂屏的上部用玉字嵌出乾隆御诗一首，文景交融，意趣盎然。

12. 紫檀木边框百宝嵌明皇试马图挂屏

紫檀木边框百宝嵌明皇试马图挂屏，高 86.5 厘米，宽 54.5 厘米，上半部为乾隆《明皇试马图》御题之辞，下半部以百宝嵌工艺仿制唐代韩干

紫檀嵌珐琅玉石楼阁人物图插屏

紫檀木边框百宝嵌虎丘云岩寺诗画双挂屏（左），紫檀木边框百宝嵌寒山别墅诗画双挂屏（右）

所画《明皇试马图》，此挂屏与紫檀木边框识文描金明皇试马图挂屏、紫檀木边框乾隆帝题明皇试马图挂屏为一组。

《明皇试马图》早已佚失，幸而有这些挂屏，可以想见原作风采。乾隆认为唐玄宗李隆基居安忘危的历史教训非常值得警鉴，因而对这幅画作钟爱有加，他不仅在挂屏中间御题“子子孙孙，永保鉴之”以警示子孙，还令工匠以不同工艺材质制作挂屏数件，除上述 3 件外，还有掐丝珐琅明皇试马图挂屏。

13. 紫檀木嵌黄杨木百宝嵌瓶花图挂屏

紫檀木嵌黄杨木百宝嵌瓶花图挂屏，长 101 厘米，宽 74 厘米，进深 4 厘米。此挂屏在黑漆地上用百宝嵌手法做出瓶花、鸣虫，左上角嵌玉字乾隆《咏络纬》诗，阐明画意，“群知络纬到秋吟，耳醉何来唧唧音。却共

紫檀木边框百宝嵌明皇试马图挂屏

紫檀木嵌黄杨木百宝嵌瓶花图挂屏

温花荣此日，将嗤冷菊背而今。夏虫乍可同冰语，朝槿原堪入朔寻。生物机缄缘格物，一斑犹见圣人心。”

14. 彩漆描金自开门群仙祝寿楼阁式钟

彩漆描金自开门群仙祝寿楼阁式钟，高185厘米，面宽102厘米，侧宽70厘米。此钟的造型为二层楼阁，一层正中为双针时钟，写有“乾隆年制”的钟盘上饰以造办处特有的黄色珐琅。钟盘上的5个上弦孔分别控制5种功能，即走时、报时、报刻、开关门、打乐。钟盘的左、右两侧为变动的布景箱，左边景箱的表演主题是“海屋添筹”，右边景箱的表演主题为“群仙祝寿”。二层为3间房屋，内各有一报时人，每逢3、6、9、12时，房门开启，3人手执钟碗缓步出门，站定后，左边的人敲钟碗发出“叮”声，右边的人敲钟碗发出“当”声，“叮当”声响一次报一刻钟，响两次报两刻，依次类推，报完四刻后，中间的人敲钟碗报时。报时刻完毕，乐曲声起，景箱内的活动装置开始运作。左景箱内重峦叠嶂，间有仙鹤傲立，驾着祥云的仙人缓缓升腾，云海中一座琼楼陡然浮起。右景箱内扶杖的寿星正依次接受八仙敬献的宝物。乐止，报时刻人退回门内，楼门关闭，景箱内各活动装置复位。

此钟共有7套机械系统，分别控制走时、报时、景箱内的活动装置等，具有相当高的技术水准。清乾隆年间，造办处做钟处汇集了一批具有专业知识的西洋钟表匠和机械师，此钟即可体现出他们的水平。造办处活计档记录了这件钟的制作时间和过程，从清乾隆八年（1743年）十二月接旨着手设计，到十四年（1749年）正月完工，历时5年多。

故宫博物院现存的清宫做钟处钟表大多是乾隆时期所造，这些御制钟的外壳多使用坚硬致密、适合雕刻花纹的紫檀木制作，彰显皇家的富有和奢华。除了紫檀木钟表外，富丽堂皇的黑漆描金壳钟表也是御制钟里非常有特色的一类。御制钟的外观多为楼、台、亭、榭等建筑式样，表盘上多有“乾隆年制”款识。

15. 黑漆描金木楼钟

黑漆描金木楼钟，高70厘米，宽49厘米，厚33厘米，为铜骨架木包镶结构，钟壳仿日本漆，在黑漆地上绘描金漆梅、竹、菊。打开楼阁门

彩漆描金自开门群仙祝寿楼阁式钟

可见钟盘，钟盘具有明显的乾隆御制更钟特点，中圈是彩绘花草黄色珐琅，上半部有描蓝边白珐琅开光，其内是蓝色楷书“乾隆年制”4 个字。表示时间的罗马数字写在白色珐琅时刻环上。钟顶的钟架中扣着 3 个铜钟，每个铜钟旁均附有小锤。每逢报刻时，与走时系统相连的绳索牵动下面的两个锤子，相继敲钟，发出“叮当”声。当正点时，小锤则敲击最上面的铜钟，发出“当当”声。

黑漆描金木楼钟

第六章　故宫收藏的河北技艺——珐琅类

故宫博物院是当今国内，乃至世界上收藏中国古代金属胎（主要是铜，亦兼或有金和银胎者）珐琅器数量最多的地方，共收藏从元代到清代，以及民国时期的金属珐琅器6000余件，其中掐丝珐琅器4000余件，画珐琅器2000余件。这些藏品除一部分为民间作坊制造外，绝大部分是由明代御用监和清代内务府造办处珐琅作，以及由皇家所控制的机构生产的。这些掐丝珐琅器以铜为主要胎体，表面镶嵌着细而薄的金属丝，并填施各色珐琅料，经过多道工序制成。其图案装饰丰富多样，既有传统的缠枝莲花纹、菊花纹等，也有各种吉祥图案和宗教题材，展现了不同朝代的审美特征和文化内涵。在故宫博物院的掐丝珐琅器藏品中，包含了元、明、清各代的精品，如元代的掐丝珐琅缠枝莲纹兽耳三环樽、明早期的掐丝珐琅葡萄纹绳耳炉、清代的掐丝珐琅缠枝莲纹球形香熏等。这些掐丝珐琅器不仅展示了我国古代工匠的卓越技艺和创造力，也为我们了解古代宫廷文化和审美观念提供了重要的实物资料。

铜胎掐丝珐琅制作技艺和画珐琅技艺都是河北当代传承的手工技艺之一，铜胎掐丝珐琅制作技艺的传承范围主要集中在廊坊大厂回族自治县、香河县，以及保定涿州市和涞水县，而画珐琅技艺的传承地主要有衡水景县等。

1. 景泰款掐丝珐琅缠枝莲纹兽耳三环樽

景泰款掐丝珐琅缠枝莲纹兽耳三环樽，高71厘米，口径36.3厘米，底径23.1厘米，是故宫旧藏中年代最早的掐丝珐琅实物之一。此樽虽然镌有“大明景泰年制”款，但根据专家的研究，此樽应是在元代珐琅罐的基础上后配颈、耳、环、足而成，底款亦为后加。

景泰款掐丝珐琅缠枝莲纹兽耳三环樽

2. 掐丝珐琅葡萄纹绳耳炉

掐丝珐琅葡萄纹绳耳炉，通高 11 厘米，口径 12.8 厘米。明代设立了御用监，专门承制皇家用器，不过元代掐丝珐琅的工艺特征在明早期的器物上仍然常见，如葡萄纹就是元代至明早期的掐丝珐琅器主要装饰图案之一。此炉最具特色的是配有紫檀木盖和白玉镂雕鹭鸶荷花钮，加之釉地为白色，与彩釉及纹饰交相辉映，别出心裁。此炉是后改器，口、耳及足均为后配。

掐丝珐琅葡萄纹绳耳炉

3. 金胎掐丝珐琅嵌画珐琅人物图葫芦式执壶

金胎掐丝珐琅嵌画珐琅人物图葫芦式执壶，通高39厘米，宽25.5厘米。清代的珐琅器在康熙、雍正、乾隆三朝达到鼎盛，除掐丝珐琅之外，画珐琅技术日臻成熟，不断融合不同的文化元素，极大地丰富了珐琅器的表现形式与品类。该壶就是运用掐丝珐琅和画珐琅两种工艺精制而成，金胎耀眼夺目，镶嵌珍珠、珊瑚，又有彩绘仕女、山水，可谓流光溢彩，

金胎掐丝珐琅嵌画珐琅人物图葫芦式执壶

富丽堂皇。

4. 金胎画珐琅开光西洋人物图执壶

金胎画珐琅开光西洋人物图执壶，高18.7 厘米，宽 12.1 厘米。清乾隆时期的珐琅器更多呈现出中西合璧的风格特色，如该壶，黄金为胎，同时运用了錾胎珐琅和画珐琅两种工艺，通体錾花填绿色珐琅，色彩别致。该壶的整体造型仍是中国传统的龙首纹流，如意曲柄，盖顶置红珊瑚珠钮，圈足，然而腹部两面开光，其中彩绘的却是西洋仕女图，

金胎画珐琅开光西洋人物图执壶

颇具异域风情。

5. **金胎绿珐琅嵌红宝石高足盖碗**

金胎掐丝珐琅镶宝石高足盖碗，通高30厘米，径16厘米。清乾隆四十五年（1780年），西藏六世班禅罗桑贝丹益西（1738—1780年）到承德避暑山庄恭贺乾隆七十寿辰，敬献贡品，其中有一件银胎绿珐琅嵌红宝石高足盖碗，乾隆十分喜爱，特命造办处仿制了此器，这两件姊妹文物成为一个重大历史事件的珍贵见证。

金胎掐丝珐琅镶宝石高足盖碗

6. 金胎画珐琅开光山水人物图杯盘

金胎画珐琅开光山水人物图杯盘，通高 7.5 厘米，杯口径 5.5 厘米，通宽 9.3 厘米，盘径 18.5 厘米。此套杯盘的制作同时运用了画珐琅和錾胎珐琅两种技法，通身以錾刻缠枝莲纹为主体，依次在凹下处填红、绿色的珐琅和鎏金，精致细腻且富有层次感。开光处又依次绘制西洋仕女、折枝花卉、西洋风景、胭脂色山水图，将中西文化融为一体，构思精巧，技艺纯熟，为清乾隆时期珐琅器珍品。

金胎画珐琅开光山水人物图杯盘

7. 画珐琅三阳开泰纹手炉

画珐琅三阳开泰纹手炉，通高18厘米，炉身径19至16厘米，底径16至13厘米。

画珐琅三阳开泰纹手炉

8. 画珐琅蔷薇花纹花瓣式花篮

画珐琅蔷薇花纹花瓣式花篮，高 15.3 厘米，口径 10 厘米 ×15.2 厘米，底径 10.3 厘米 ×9.3 厘米。

画珐琅蔷薇花纹花瓣式花篮

9. 画珐琅花果瓜瓞纹高足盘

画珐琅花果瓜瓞纹高足盘

10. 画珐琅桃式五子盒

画珐琅桃式五子盒

11. 画珐琅花卉纹瓶

画珐琅花卉纹瓶

12. 画珐琅开光山水图方瓶

画珐琅开光山水图方瓶

13. 画珐琅开光山水图贯耳瓶

画珐琅开光山水图贯耳瓶

14. 皇极殿掐丝珐琅太平有象

皇极殿掐丝珐琅太平有象

15. 乾隆款掐丝珐琅花蝶纹兽耳活环瓶

乾隆款掐丝珐琅花蝶纹兽耳活环瓶

传承篇

福 祉

唐太宗

天下第一寿
乾隆御筆

第七章　巧夺天工
——宫廷文化与河北非遗

我国的传统文化技艺甫一形成，就伴随着各自独特神秘的传说和起源，在宫廷这一特定环境下逐步发展壮大，并扩散为不拘一格的民俗文化。随着宫廷技师和技艺传承人、艺术家们对传统技艺的不断实践和传承，形成了众多带有宫廷文化特色的非物质文化遗产。

河北省是“故宫文化圈”影响范围内的重要区域，植根于河北省的宫廷传统手工技艺内涵丰富。其中，入选国家级非物质文化遗产名录的曲阳石雕、衡水内画、磁州窑烧制技艺、花丝镶嵌制作技艺、砚台制作技艺（易水砚制作技艺）、定瓷烧制技艺、景泰蓝制作技艺、京绣、邢窑陶瓷烧制技术、缂丝织造技艺（定州缂丝织造技艺）成为我国的历史见证和中华文化的重要载体。入选河北省非物质文化遗产名录的清宫传统刺绣、金漆镶嵌髹饰技艺、宫毯织造技艺、清宫传红木家具制作技艺、脱胎漆器髹饰技艺、百宝嵌制作、京作家具等成为河北优秀传统文化的代表性技艺。这些都是宫廷文化在河北绵延传承的生动见证，河北非遗具有丰富的历史价值与文化价值，审美价值与收藏价值，再生价值与社会价值。

一、御用华贵景泰蓝——铜胎掐丝珐琅

景泰蓝又名铜胎掐丝珐琅，“燕京八绝”之首，是一种瓷铜结合的独特工艺品，制造历史可追溯至元代。明景泰年间，这项工艺已十分成熟，因其釉料颜色主要以蓝色（孔雀蓝和宝石蓝）为主，故名景泰蓝。景泰蓝的用料主要是金、银、铜等贵重金属，集掐丝、烧焊、

盛世和平樽

点蓝、烧蓝、磨光、镀金等10余道工艺精制而成，其用料成本高昂、做工耗时耗力，在古代是皇家御用的工艺品，不仅是皇宫大殿的主要陈设，亦是镇殿之宝，是权力与地位的象征。

据传，景泰蓝源于西域，元代时成吉思汗带领军队远征，俘虏了大批有专业技能的工匠，后来将他们带回皇宫，专门为皇室贵族生产豪华日用品。此时，波斯和阿拉伯地区流行华丽的金属胎珐琅制品，于是西域工匠带着烧造技术和主要原料来到中国。在融汇了中华民族的传统风格后，这件“舶来品”逐渐发展为富有中国特色的传统手工艺品。

至清中期，国力繁盛，物阜民丰，景泰蓝的发展达到巅峰时期。清康熙年间，皇宫养心殿设立御用工厂，称为“造办处”，设“作”来制造各种御用器物，珐琅作便是其中之一。到了清乾隆时期，景泰蓝与雕漆、金漆镶嵌等行业得到了空前的发展。这一时期，景泰蓝制品在皇宫内处处可见。小到床上使用的帐钩，大到屏风，甚至高与楼齐的佛塔，以及各种日用品，如桌椅、床榻、酒具、砚、匣、笔架、建筑装饰、宗教用品等，无所不备。

清光绪二十六年（1900年），景泰蓝已经成为外销产品的主力军，在对外贸易关系的刺激下，除官营作坊（大清工艺局）外，私营作坊纷纷开设，这些私营珐琅制作作坊培养了大量的珐琅制作艺人。1840年后，一部分从宫廷造办处里走出来的皇家工匠，或是在北京开设作坊，或是在北京的作坊里工作。1911年后，随着清政府的灭亡，宫廷造办处宣布解散，那些皇家工匠不得不离开皇宫，来到民间，从而推动了景泰蓝民俗化发展。

河北省廊坊市大厂回族自治县是中国景泰蓝之乡，其景泰蓝制作技艺可追溯至明代。大厂位于京畿腹地，明、清两代曾隶属古通州和三河，所以掐丝珐琅匠人多集中在以大厂为中心的一带。秉承景泰蓝技艺悠远的历史沉淀和文化传承，大厂回族自治县不断加大对景泰蓝工艺品产业的扶持力度，为景泰蓝制作技艺的提升搭建良好的发展平台，推动景泰蓝传统工艺发展。如今，大厂回族自治县已成为国内省级以上景泰蓝技艺大师最集中、数量最多的区域，景泰蓝也成为大厂回族自治县的一张文化名片。这里仅遴选一些当代景泰蓝精品佳作以飨读者。

（一）祥瑞中华·福禄樽

祥瑞中华·福禄樽是中国工艺美术大师戴嘉林和中国景泰蓝艺术大师李荣魁二人从事景泰蓝50多年的联手力作。这件作品整体造型新颖端庄、秀丽典雅，既有明、清风韵，又有现代气息。瓶盖錾刻葵花托，葵花向阳，实现梦想，托着红色小球，寓意红日高照、红运当头。整个瓶体以葫芦为造型，寓意福禄，表面饰以彩色珐琅釉料，整体庄重、典雅、富贵。瓶腹饰10个龙凤开光图，龙凤缠绕，尽显皇室风范。龙凤开光图内饰有中国古代十大吉祥图案，即福寿万代、和谐美满、喜从天降、连年有余、

祥瑞中华 · 福禄樽

太平景象、三阳开泰、金玉满堂、室上大吉、喜登连科、狮子绣球，寓意吉祥，表达了人们祈求美好生活的愿望。

（二）福寿绵长富贵瓶

福寿绵长富贵瓶的设计主题是幸福长寿、福祉绵长，主题图案有福（蝠）寿（桃）开光和富贵牡丹簇捧聚宝盆，充分展示了富国强民和护国佑民，也表现出国家富足和民力强盛。

（三）清音净心无忧樽

清音净心无忧樽的设计主题是纯美的声音能使人的内心清净，没有干扰，安心祥和。清音即清净纯美的声音，可以使人清醒，具有平和而深远的特质。净心是将心中的一切情绪放下，宁静安详去思考人生问题。

（四）狮子绣球欢乐樽

狮子舞绣球是中华民族的传统喜庆活动，寓意着企盼欢乐、好运降临、消灾驱邪，最早记载于《汉书·礼乐志》。狮子是古代人民心中的瑞兽，气势雄伟，神圣庄严，而绣球又有吉祥喜庆、好事连连的寓意。这件作品的主题和内涵充满了时代感和幸福感，展现了祥和欢

福寿绵长富贵瓶

清音静心无忧樽

狮子绣球欢乐樽

乐、好事连连的画面。

（五）四海升平

2014 年，亚太经合组织（APEC）会议在上海举行，习近平主席将这件四海升平作为国礼送给了 21 位经济体的领导人。四海升平景泰蓝赏瓶高 38 厘米，为 38 米天坛祈年殿的等比例缩小，瓶体最大直径 21 厘米，与当年参加会议的 21 个经济体相呼应。瓶身纹样以盛唐敦煌莫高窟藻井上的宝相花为设计基础，以蓝色为基调，象征着蔚蓝的太平洋，寓意 21 个经济体面向未来。器型四面开光，周围以浮雕吉祥水纹环绕，象征“四海”，寓意太平洋，“瓶”即“平”，整体即四海升平。开光部分正面为当届会议的标志，背面为北京雁栖湖的主会场，两侧分别为北京标志性建筑天坛和怀柔慕田峪长城。

（六）和平樽

2015 年 9 月 27 日，习近平主席在纽约出

四海升平

和平樽

席中国向联合国赠送和平樽仪式，联合国秘书长潘基文出席。2016 年 2 月 25 日，联合国将习近平主席代表中国政府赠送给联合国的和平樽正式安放在联合国总部。和平樽以中国红为主色调，樽身上绘有景泰蓝纹饰，顶部的龙饰象征守望和平，两侧的象首、凤鸟寓意天下太平、人民安康。樽身展翅高飞的 7 只和平鸽，代表联合国为世界和平而奋斗的 70 年。和平樽以中国古代青铜器中的樽为原型，表达了中国政府对联合国的重视和支持，也是 近 14 亿中国人民对联合国的美好祝福。

（七）喜凤瓶

2013 年，韩国首位女性总统朴槿惠访华，习近平主席将喜凤瓶作为国礼相赠，以见证中韩友谊。喜凤瓶以象征福瑞的百鸟之王凤凰和象征富贵的百花之王牡丹为主题，双凤环绕雍容华美的牡丹花翩翩起舞、互相追逐，

喜凤瓶

一派喜庆景象，寓意双凤呈祥、花开富贵。

二、金丝银脉璨九霄——花丝镶嵌

金银细丝，编织为骨，镶玉点翠，璀璨永恒。花丝镶嵌作为“燕京八绝”之一，在中国工艺美术界是拥有着顶级审美价值的技艺。花丝镶嵌是一门传统的宫廷手工技艺，在古代只为皇室贵族御用，是皇家荣耀的重要象征。其工艺复杂，大致可分掐、填、攒、焊、堆、垒、织、编等8种手法，以工艺巧夺天工、造型精致繁复、成品雍容华贵著称。2008年，花丝镶嵌制作技艺入选第二批国家级非物质文化遗产名录。

花丝镶嵌制作技艺起源于商代，历经东周、汉、唐、宋的发展，至元代趋于成熟，明清时期达到巅峰，如今已有近四千年的历史。汉代，花丝镶嵌被称为“焊缀金珠”，也叫“细金工艺”，是将金、银、铜等抽成细丝，以堆、叠、编、织等技法做成造型，再将各部位造型焊接起来，加上点翠和宝石镶嵌，工艺十分复杂精细，当时已出现了成型的金丝编（汉代金缕玉衣），并有非常细致、精巧和完整的花丝镶嵌作品。春秋战国时期，出现了琉璃嵌和玉石嵌。北齐时期，花丝镶嵌工艺已经相当完善，饰品金光腾耀，丝嵌斑斓，精巧独致。唐代，花丝镶嵌工艺高度发展，已达到相当娴熟的程度。明清两代是花丝镶嵌制作技艺传承发展的兴盛时期，大厂回族自治县的花丝镶嵌技艺快速发展，明代的“银作局”、清代的“造办处”，集中了全国的能工巧匠进京服役，不仅使得花丝镶嵌制作技艺得以进一步发展，由于全国各地的工匠汇聚一处，还使得南、北方的花丝镶嵌制作技艺得到了充分的交流和借鉴。明清时期，花丝镶嵌珍品层出不穷，传世至今的有万历皇帝金丝翼善冠、孝端皇后凤冠、貂皮嵌珠皇后冬朝冠、银鎏金累丝提梁花篮、金嵌珍珠天球仪、金嵌珠万寿无疆杯盘、金瓯永固杯等，其工艺之精湛、用料之奢华、匠心之机巧，令人叹为观止。

辛亥革命后，清宫廷造办处随之解散，宫廷花丝镶嵌艺人有的回到故乡，有的留在北京，或开办金店银楼，或到金店银楼耍手艺，从而使得宫廷花丝镶嵌技艺流入民间。

大厂回族自治县隶属河北省廊坊市，得天独厚的区位优势造就了花丝镶嵌工艺的诞生、传承和发展。大厂花丝镶嵌制作技艺可追溯至汉代，从赵家沟古墓群出土的装饰盒等文物中可以发现，花丝镶嵌工艺已初露端倪。明代，波斯人随永乐皇帝北迁，定居大厂，带来了传统的波斯图案和手工技艺，后与当地的花丝镶嵌技术相结合，将花丝镶嵌制作技艺提高到了一个全新水平。

国家级非物质文化遗产项目花丝镶嵌制作技艺代表性传承人、河北省一级工艺美术大师马福良创作了众多技术难度极高又意蕴深厚的好作品，曾获得多个工艺品奖项，为文化传承和工艺发展做出了突出贡献，以下是他的一些代表作品。

（一）天坛

该作品的尺寸为 660 毫米 ×428 毫米，使用白银 19 389 克，运用多种工艺仿制北京天坛而成。2012 年 8 月，该作品荣获第二十六届中国北京国际工艺品礼品及家庭用品精品奖金奖。

（二）腾霄九如

该作品集制胎、錾刻、花丝镶嵌、银蓝、俄罗斯烧瓷、内填珐琅、光胎烧蓝、抛光打磨等多种工艺于一体，承“燕京八绝”首艺，融西域文化元素，展皇家宫廷传奇，极具实用、观赏和收藏价值。

（三）花丝香炉

该作品长 199 毫米，宽 137 毫米，高 133 毫米，运用多种纯手工工艺，

天坛

腾霄九如

花丝香炉

炉身由花丝编制而成，两侧是手工錾刻的百鸟之王凤凰，中间是鸳鸯戏水图案，炉盖上是两条蟠龙戏珠。该作品做工精致，工艺复杂，造型独树一帜，具有极高的收藏和实用价值。

（四）沉香·莲花薰

该作品高 450 毫米，使用白银 3523 克，采用蒙镶、花丝镶嵌、卡克图等多种工艺精制而成，另嵌有碧玺 2 粒、蓝宝石 2 粒、白玉环 8 个、石榴石 173 粒、青金石 24 粒、松石 24 粒。2006 年，该作品在中国民间工艺美术博览会上被评为金奖。2010 年，该作品在第三届中华民族艺术珍品文化节荣获中华民族艺术珍品奖。2011 年，该作品在中国工艺美术“百花奖”（莆田）评比中荣获金奖。

沉香·莲华薰

（五）龙凤薰

该作品高380毫米，使用白银1358克，集制胎、錾刻、花丝镶嵌、烧蓝、俄罗斯烧瓷、打磨抛光、镀作等多种传统手工艺于一体，另嵌有松石、玛瑙、石榴石、翡翠、紫晶、橄榄石、珊瑚石、石英岩等宝石共79颗，并配有黑檀嵌银丝木座。2011年，该作品在第十二届中国工艺美术大师作品暨国际艺术精品博览会上获得“天工艺苑·百花杯”中国工艺美术精品奖金奖。

（六）九龙壁

该作品高230毫米，长630毫米，厚100毫米，使用白银17 518克，另嵌有直径6毫米的珍红玛瑙1粒、直径6毫米的灰玛瑙1粒、直径4毫米的红珊瑚10粒、直径6毫米的珍珠贝12粒，运用多种工艺手法精制而成，其原型是北京北海公园驰名中外的九龙壁。该作品的九条蟠龙气势雄劲，栩栩如生，云石、海水、流云、日出、明月等立体感极强，展示出了高超的錾工技艺，极具收藏价值。

花丝镶嵌制作技艺作为我国传统的金银制

龙凤薰

九龙壁

作工艺，具有很高的艺术价值和历史价值。一件花丝镶嵌艺术品不仅展现了工匠精湛的技艺、独特的创意和皇家审美观念，还蕴含着丰富的文化内涵，承载着历史文化的传承，同时带给现代社会震撼的视觉冲击和美学享受。

三、经纬穿梭缀繁华——宫毯

宫毯又称官坊毯，是极具北京地域特色和宫廷特色的手工艺制品，自元代起就作为皇宫专用的御用品。北京宫毯不仅是“燕京八绝”之一，还是中国宫廷艺术中重要的传统手工技艺代表作之一。

编织地毯在我国已有两千多年的历史，早在元代，元大都就已有专为皇宫编织地毯的作坊。明朝建立后，朝廷直接接管了元大都的官营织毯机构，并在北京、新疆、西藏等地设立官办地毯作坊，同时为紫禁城制作了一批高质量的官坊毯。清雍正元年（1723 年），在北京织染局里有 9 名毯匠专门为皇帝编织地毯。清咸丰年间，大批西藏织毯工匠进京，手工地毯在北京更加兴盛繁荣。北京自古以来就是中华民族民间艺术汇合、交融、生发和创新的重要地区，这里文人荟萃、百艺兴旺，六朝帝都的沧桑与多民族文化的融合，形成了独具特色的北京文化景观，宫毯也成为富有北京地域特色和宫廷特色的手工艺制品。

由于宫毯用料讲究、造型精美、象征意义丰富，在宫廷文化中拥有很高地位。首先，元明清时期铺地材料贫乏，毯是毛丝织物，具有隔寒隔潮的功能，是非常理想的铺地用品。其次，毯拥有变化多样的图案和丰富的颜色，除了使用价值以外，还有很强的观赏价值，宫毯尊贵典雅、构图精美、配色鲜亮，立体凹凸的剪裁极富层次感，样式千变万化。再次，宫毯的使用与宫廷礼仪联系紧密，在不同时节、不同位置铺设的毯，其图案和颜色都有明确的规定，在色彩上常用皇宫主色红、黄二色，有时也用象征天空的蓝色和象征云朵的白色，这些宫廷御用的颜色与宫廷建筑和陈设交相辉映。虽然皇宫下辖的各地织毯坊在织法上各有不同，但是由皇家统一下达的图样仍都能体现

宫毯博古图案

宫毯京式图案

出浓郁的皇家特色。

自元代起，各代帝王在宫毯的使用、铺设、织造、配色、图案等方面均有严格的要求，这些对宫毯的要求渗透在毯中的每一个细节，从制作的原料、染色、大小、数量，到毯用在哪座宫殿、哪个位置，往往都要直接秉承皇帝的旨意。

20 世纪 60 年代，宫毯制作技艺传入河北文安县。自此，这项传统技艺便开始在文安生根发芽。改革开放后，文安当地政府通过规划地毯纺织产业区，极大地推动了宫毯织造的规模化和产业化。2010 年，宫毯技艺被列入国家级非物质文化遗产名录。2016 年，宫毯制作技艺入选河北省第六批省级非物质文化遗产。

宫毯技艺的纹样种类丰富多样，包括传统的京式纹样，如八仙与八宝（八吉祥）、云纹、莲花、龙凤呈祥、花开富贵等，这些纹样不仅寓意着祥瑞、美好和富贵，还体现了深厚的文化内涵。宫毯的图案设计独具特色，以对称、

宫毯博古图案

宫毯缠枝莲图案

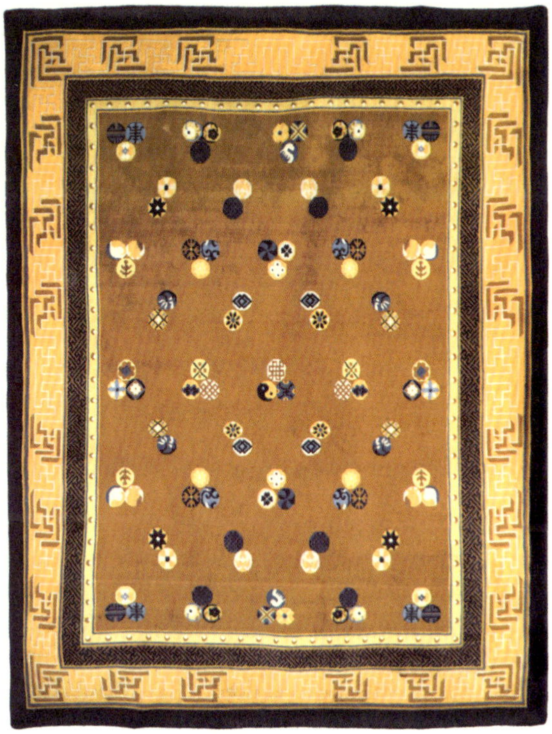

宫毯古文图案

宫毯花卉图案

宫毯美术图案

均衡、层次感和立体感为特点，通过平织、织花、挖花等不同的编织技法，使图案呈现出精美的效果。

作为国家级非物质文化遗产，宫毯技艺的传承不仅是对传统手工艺的珍视与守护，更是对中华文化精髓的延续与拓展。通过传承这一技艺，我们能够孕育出更多的手工艺人才，为传统文化的创新发展注入新的活力，也为现代人搭建起一座通向传统文化宝库的桥梁，使更多人能够领略并欣赏到中华文化的博大精深。此外，宫毯作为富含深厚文化底蕴的传统工艺品，其独特魅力与经济价值并存，对经济的繁荣与发展同样有着不可忽视的贡献。

四、穿花纳锦绘吉祥——京绣

京绣又名宫廷绣或宫绣，是一门古老的中国传统刺绣工艺，作为“燕京八绝”之一，曾与“四大名绣”中的“苏、湘、顾”并称为“四大绣”。

京绣的最大特点是绣线配色鲜艳，其色彩与瓷器中的粉彩、珐琅色相近，主要特征是雅洁、精细、图案秀丽、针法灵活、绣工精巧、形象逼真。京绣的用料也非常考究，选料精美贵重、豪华富丽，不惜工本，以在丝绸

京绣传承人陈芳刚正在进行创作

京绣

上织绣为其独到之处，具有代表性的京绣作品在一针一线之中都显示出帝王亲贵的倾天权势。

一千多年以来，京绣始终坚持手工制作，是古代劳动人民智慧和艺术创造力的结晶。如今，京绣的工艺更臻精湛，流程更趋复杂，并逐渐融历史与现代于一体，具有很高的欣赏和收藏价值。

（一）福禄寿

方艳芳、陈芳刚创作的京绣作品“福禄寿”以唐朝人物为构图蓝本，展现出头大身小、面部丰腴圆润的富态特征，寓意吉祥如意、长寿健康，充满了浓厚的民俗气息和祝福情感。作品中的五官开脸采用垫绣技艺，使得人物形象立体生动。这幅作品汇聚了 23 种针法，几乎囊括了京绣的所有常用针法，展现了京绣的精湛技艺和深厚的文化底蕴。

（二）天下第一寿

陈芳刚、方艳芳、李宝凤创作的京绣作品“天下第一寿”使用的是三蓝色蚕丝线，以平针绣、圈金绣等绣法绣成于绸缎之上，针脚整齐，配色清雅，线条流畅，富有立体感。作者以乾隆亲笔的“寿”字为底，以天下第一寿为主题，用寓意福禄寿的美好图案将寿字填满，构图紧密，针法整齐，自然生动，活泼有力。这幅作品无论是图案或留白，均彰显出京绣的传统

福禄寿

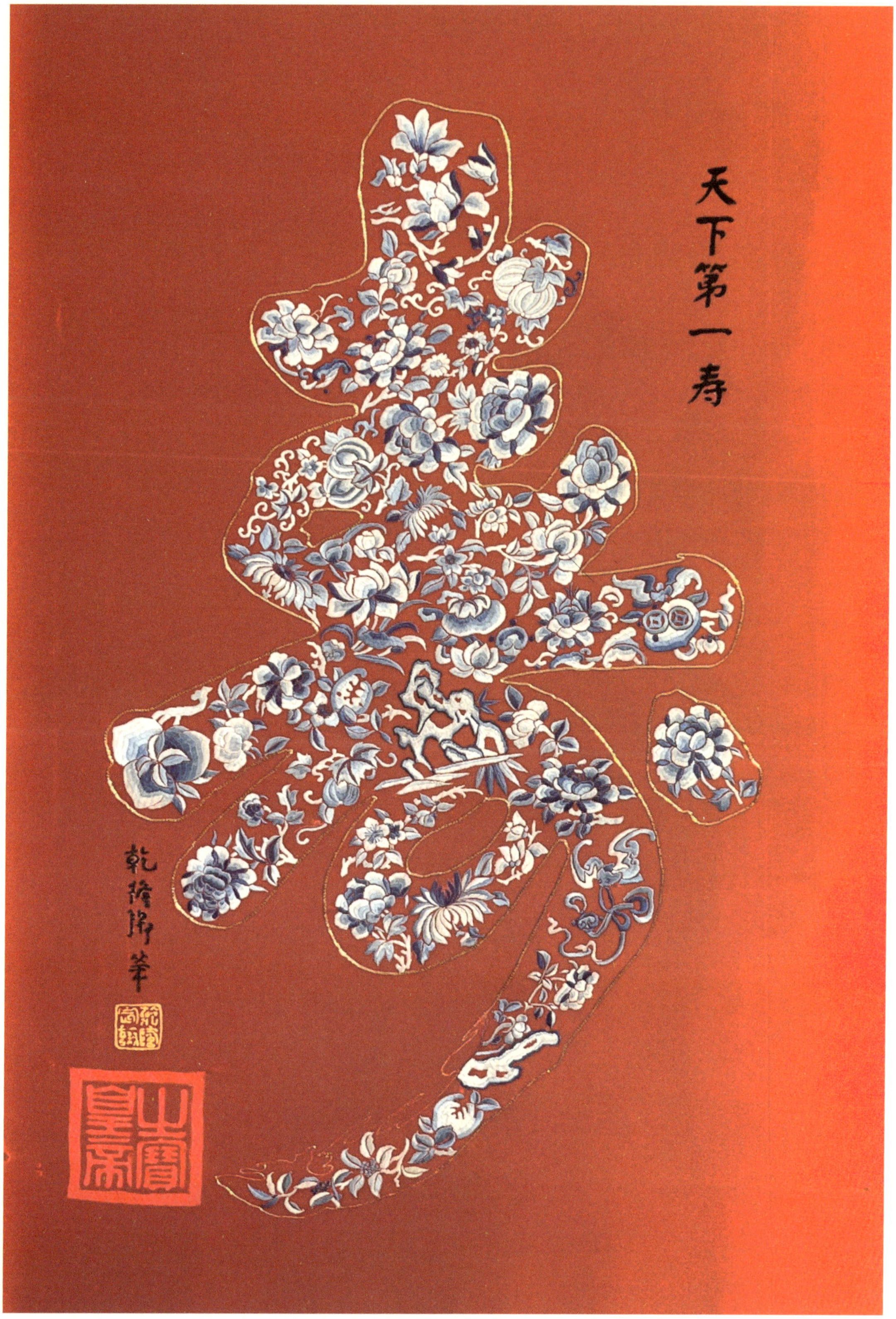

天下第一寿

特色，体现了京绣传神的意境，充分显示出京绣的艺术魅力。

五、精雕御作显雍容——京作家具

京作家具诞生于帝王之都，取广、苏二作之长，融百工之巧思，化西洋之风气为己用，实为中国古典家具制作之高峰。京作家具是明清家具流派的重要组成部分，与苏式、广式形成三足鼎立，在清雍正、乾隆年间走向巅峰，影响了当时我国南、北方家具的发展风格，直到民国初年才逐渐式微。京作家具是宫廷家具，是按照皇室贵族起居的特殊要求而制作的一种家具，透着一股体态豪华、凝重宽大、雍容华贵和威严，因此深受京城人家的追捧。狭义的京作家具特指宫廷造办处、御用监等机构制作的硬木家具，专供宫廷贵族尤其是天子使用，不包括京城民间的普通家具。

河北省保定市涞水县是我国京作古典家具的发祥地，涞水京作红木家具已有三百多年的历史。清康熙时期，故宫成立造办处，在全国各地选拔能工巧匠，涞水县上车亭村的村民因技艺超群，备受皇帝赏识。祖籍东文山镇上车亭村的王继贵就在养心殿造办处做雕刻技工，为皇室制作、维修、保养红木家具。在此期间，同村的王振刚、王克昌也来到京城跟随王继贵学徒。民国时期，他们走出皇宫，分别在京城建起了自己的红木家具作坊。新中国成立后，作为技术骨干的王振刚、王克昌两人陆续回乡，后来其他工匠也陆续回到家乡，以传帮带的方式传承京作家具传统制作技艺至今。

新中国成立后，涞水工匠多次为外商制作宝座、屏风、多宝格等宫廷款式的红木家具，并参与了故宫太和殿、乾清宫等处所用雕云龙纹宫廷家具重器的制作与修复。

清宫传红木家具制作技艺在用料上堪称极致考究，追求造型的严谨安定与典雅秀丽，线条曲直交织，挺拔多姿，展现出独特的艺术魅力。其中，京作家具尤为注重自然之美，其结构精妙，摒弃了钉与胶的依赖，仅凭榫卯斗合技艺巧妙结合，不仅有效控制了木材的变形与缩胀，更赋予了家具经久耐用的卓越品质。这些家具的制作始终坚持手工雕刻的传统，选用上乘材料，精雕细琢，每一处都透露出精美大气、雍容华贵的宫廷风范。

涞水县御作坊

立体龙屏风宝座

当代京作家具

与此同时，京作家具还要服务于统治者的审美与生活需求，故而还会带有统治者的个人色彩。譬如雍正就是一个乐于并善于参与家具设计的帝王，从存留的清宫内务府造办处档案来看，一直被认为是清代宫廷挚爱的紫檀木并不受雍正的喜欢，反而更多被用作一些边角装饰、器座和佛教器物。乾隆则偏好仿古，在陶瓷、玉雕等行当大兴仿古之风。京作家具为了迎合乾隆的审美进行了大胆创新，将青铜器的造型特色引入家具，制作出了具有古朴肃穆气质的仿古铜鼎式供桌。

清宫传红木家具制作技艺仿佛一件活化石，记录着其产生年代的历史，每一件家具都是一件艺术品，凝结着历史的人物与故事，负载着岁月的沧桑之美。清宫传红木家具制作技艺是一个艺术、文化与实用价值兼具的产物，是中华民族文化的艺术象征，承载了中华民族深厚的文化底蕴。

京作家具独具宫廷文化之韵，其在当代的传承中既承古意又具新创。2017 年，保定滑氏红木家具制造有限公司（以下简称滑氏红木公司）与故宫博物院达成战略合作，于故宫博物院的建福宫隆重召开了故宫博物院监制家具项目发布会。滑氏红木公司凭借精湛工艺，一比一复刻并限量生产销售故宫博物院监制的家具，此举不仅巧妙地融合了古典与现代审美，更是一次暗合“故宫文化圈”理念的具体践行，从而开启了新时代故宫家具文化的新纪元。

滑氏红木

故宫畅音阁中的红木宝座（复制品）

畅音阁是故宫中最大的戏楼，每逢重大节日皇室贵族都会到畅音阁看戏。如今，畅音阁的原件家具都已损坏，目前在故宫畅音阁看到的家具（包括福磬纹宝座）都是滑氏红木的复制品。

六、玲珑彩嵌髹金玉——金漆镶嵌

金漆镶嵌是“燕京八绝”之一，已入选河北省第六批省级非物质文化遗产名录，是我国传统漆器的重要门类。金漆镶嵌以木胎成型、髹漆，然后在漆底上运用镶嵌、雕填、彩填、堆古罩漆、刻灰、平金开彩、断纹、刻漆、金银、罩漆等装饰技法。金漆镶嵌所表现出的珠光宝气、雍容华贵，体现了皇家的大气，是带有浓厚京味儿的工艺品。

在历史的长河中，漆器不断丰富发展。从工艺上讲，最早的漆器装饰方法主要是漆绘。考古发现证明，中国是世界上使用漆器最早的国家，早在新石器时期的河姆渡文化（距今7000至5300年）遗址就出土了漆木碗，而到了良渚文化时期（距今5300至4300年），我国已经出现了漆器镶嵌工艺，商代出现了玉石镶嵌和螺钿镶嵌，战国时期出现了脱胎漆器，汉代出现了雕填戗金工艺，三国时期出现了虎皮漆工艺，唐代出现了剔红（即雕漆），宋代出现了断纹工艺，明代出现了百宝镶嵌，清代出现了立体镶嵌。从品种上讲，由器皿摆件、酒具、食具发展到各类家具、屏风、牌匾、壁饰等，并被广泛应用于室内外建筑装饰。

漆木碗，1973至1977年出土于新石器时期河姆渡文化遗址，现藏于浙江省博物馆。

历史上，北京是重要的漆器产区，如元代的油漆局、明代的果园厂、清代的造办处，都

漆木碗

当代金漆镶嵌工艺作品

为北京漆器的发展奠定了坚实的技术基础。

元代的油漆局隶属工部，配备副使一员，用从七品印，掌管髹漆之工。元代漆器的主要品种有彩绘、雕填、螺钿镶嵌、雕漆等，其中螺钿漆器的特点是螺片由厚变薄，开创了软螺钿的新工艺，因而更加丰富多彩。

明代的漆器生产出现了一个新的兴盛时期。永乐年间，皇室在果园厂（今西什库东）专门设立了官局制造漆器。关于果园厂的漆器，适如明代著名漆工杨明所说："今之工法，以唐为古格，以宋元为通法，又出国朝厂工（即果园厂）之始，制者殊多，是为新式。于此千文万华，纷然不可胜识矣。"又据清代高士其《金鳌退食笔记》记载："果园厂，在棂星门之西，明永乐年制漆器，以金银锡木为胎，有剔红、填漆二种。所制盘、盒、文具不一。填漆刻成花鸟，彩填稠漆，磨平如画，久而愈新。其盒制贵小，深者五色灵芝边，浅者回文戗金边。古色苍莹，器传绝少，故价数倍于剔红。二种皆称厂制，世甚珍重之，而不可多得。"

清代内务府造办处下设四十二作，其中设有漆作，漆器产品主要有车、轿、仪仗及皇室贵族所用的日用家具和器皿。清乾隆年间颁布的《工部则例》中有《漆作用料则例》《漆作用工则例》《泥金作用料则例》《泥金作用工则例》。此外还有《圆明园漆作价值则例》《圆明园漆活彩漆扬金则例》《圆明园内工佛作则例》等，分别讲述了制作灰胎、漆胎、描漆、描金等工艺的配料和操作，可以说这是清宫漆作的操作规程。

当代金漆镶嵌工艺作品

虽说漆器为历代官家所经营，但清代时也有民间的漆器作坊，皇室也常在民间征集精品。清王朝灭亡后，这门原本主要为宫廷服务的漆器工艺流入民间。

自清末至1937年是北京漆器作坊的兴盛时期。据不完全统计，在这几十年间陆续开业的金漆镶嵌作坊有10余家，其开业缘起大致有三种情况：一是原皇宫中的漆器艺人在辛亥革命后自开作坊；二是清末即有民间私人作坊，多是通过太监拉关系，应宫中之活；三是漆器作坊中的艺人出师后自开作坊。

自七七事变至1949年是北京漆器行业的萧条时期。日本侵略者占领北京后，使北京的漆器行业面临灭顶之灾，除少数几家外，其余纷纷倒闭。

1949至1956年是北京漆器行业的恢复时期。在国家扶植和发展手工业政策的指引下，一些过去的作坊掌柜重操旧业，再招旧部，收纳新徒，还有一些漆器艺人也开始自开作坊。到1956年，北京的16家作坊采取公私合营的方式联合建厂，命名为北京金漆镶嵌厂。从此，北京金漆镶嵌的发展揭开了新的历史篇章。

大厂回族自治县金漆镶嵌有限责任公司金漆宫（以下简称金漆宫）隶属北京金漆镶嵌有限责任公司（以下简称金漆公司），是金漆公司的全资子公司，金漆宫现为金漆公司的生产基地及高端宫廷漆艺文化的展示平台。大厂回族自治县可以说是金漆镶嵌的第二故乡，也是这门传承于宫廷的皇家艺术开枝散叶走向民众的重要起点。

金漆镶嵌工艺被广泛用于皇家建筑中，展现着皇家对美的追求和对艺术的推崇，是宫廷尊贵奢华和美学的象征。金漆镶嵌工艺作为宫廷文化的重要组成部分，以独特的方式矗立于历史长河之中，使我们得以窥探古代宫廷精湛的工艺和辉煌绚丽的艺术。

七、百宝嵌

百宝嵌因于明嘉靖年间由周翥首创，故也称周制镶嵌法。百宝嵌是一种以玉石、贝骨、木材、金属等名贵材料为原料，将人物、动物、山水、花鸟等形象镶嵌在同一胎体上的传统工艺，与金漆镶嵌都是我国传统工艺中的瑰宝，它们各自独特且相互补充，共同体现了我国传统工艺的精湛与卓越。相较于金漆镶嵌，百宝嵌更注重材料的多样性和色彩的丰富性，通过珍稀材料的巧妙搭配和镶嵌，形成独特的视觉效果。百宝嵌主要以绚丽多彩的色泽与精美的图案见长，使用金银、宝石、珊瑚、玛瑙等多种材料，经过精心加工和镶嵌，形成独特的装饰效果。百宝嵌的嵌件镶法有平脱、隐起和起突等三种，组合变化无穷，展现了我国传统美学的博大精深。

百宝嵌自诞生之始就服务于皇家贵戚，其制作技艺也一直被宫廷工匠所掌握。清乾隆时期，百宝嵌盛极一时，当时清宫造办处生产了大量华美的百宝嵌，不仅制作了大量盒、碗、匣等小型器具，还制作了许多大型家具，如床、桌子、椅子、屏风等。但到了清末，国力衰微，宫廷无法养活众多匠人，清宫造办处的艺人开始流落京城，百宝嵌技艺也随之流落到了民间。

七七事变后，日本侵略者占领北京，北京的手工业行业面临灭顶之灾，百宝嵌几乎停产，很多艺人也改做他行，或回老家务农。新中国成立后，在国家的支持下，多个百宝嵌民间作坊得以恢复。1956年，公私合营北京金漆镶嵌厂创建，后改名为北京金漆镶嵌厂。1958年，北京市成立了公私合营北京玉器厂。新中国成立初期，百宝嵌一直是国家出口创汇的重要物资，为新中国的建设赚取了大量外汇。1999年，百宝嵌技艺传承人王长安在家庭作坊的基础上

拼图工序

建立了霸州市宏达家具厂，从事古典家具的生产及百宝嵌的制作，并致力于百宝嵌技艺的传承。2016年，百宝嵌制作技艺入选河北省第六批省级非物质文化遗产。

（一）三星童子

三星童子，高45.5厘米，宽47厘米，厚13厘米，插屏为紫檀木质，站牙及绦环板透雕螭虎灵芝纹，卷书式底座。屏心以螺钿、青金石、松石、寿山石等原料镶嵌福、禄、寿三星和5个童子，以及双鹿、寿桃等纹饰，寓意吉祥。

（二）三羊开泰

三羊开泰，高80厘米，宽50厘米，厚26厘米，插屏为紫檀木质，屏心以青金石、孔雀石、松石等为原料镶嵌了在松梅下，竹石曲栏前，一童骑羊，一童掌扇，一羊随行，又一童手执树枝驱策一羊的图案。

（三）戏狮图

戏狮图，高31厘米，宽25厘米，厚12.5厘米，插屏为紫檀木质，座、框连为一体，曲边站牙，绦环板及披水牙镂做如意头图案，以螺钿、青金石等为原料镶嵌图案。

（四）花鸟笔筒

花鸟笔筒，高18厘米，口径16厘米，紫檀木质，筒形，筒壁以螺钿、孔雀石、青金石、

三星童子

三羊开泰

戏狮图

花鸟笔筒

寿山石等为原料镶嵌花鸟图案，寓意长寿富贵。

古朴精巧的技艺、雍容华贵的纹饰，以及丰富多彩的艺术手法，共同铸就了百宝嵌器具的艺术价值。历经岁月洗礼和历代传承，百宝嵌积淀了深厚的历史价值。匠人们倾注无数心血，用时间和精力赋予了百宝嵌独特的人文魅力。这一精妙绝伦的工艺技术既承袭了宫廷风格的庄重与华丽，又巧妙地与现代生活的实际需求相融合，不断焕发出新的艺术风采，创造出层出不穷的表现形式。

八、曲阳石雕

曲阳的石雕技艺始于汉，兴于唐，盛于元，距今已有两千多年的历史。《曲阳县志》记载："黄山自古出白石，可为碑志诸物，故环山诸村多石工。"曲阳石雕线条灵动飞扬，技法别具一格，造型讲求浑厚传神，深刻运用于众多经典建筑之中，尤其是在象征帝王权力的故宫建筑群和帝王陵墓群中广为应用。

位于曲阳县南的黄山盛产坚韧洁白、经久耐磨的汉白玉，为曲阳雕刻技艺的发展提供了重要的基础资源。1968年，在保定市满城县（今满城区）陵山西汉中山靖王刘胜墓室中出土了5件石俑，经考证，这些石俑正是由黄山汉白玉雕刻而成。

传承人刘红立在制作石雕作品

北魏时期，由于佛教受到帝王贵族的大力推崇，造像之风盛行，加之曲阳盛产汉白玉，是佛教造像所需的上好石料，因此曲阳的石雕技艺获得了极大发展。1953 至 1954 年，在曲阳修德寺旧址发掘出了一大批白石造像，共有 2200 余件，内含纪年铭造像 247 躯。在这些雕像的底座上，均刻有北魏正光（520—525 年）、东魏天平（534—537 年）等年号和作者姓名。经查明，上述这些作者都是曲阳县人。由此可见，曲阳的佛造像艺术在当时已经达到了一个高峰。如今，修德寺出土的造像有 80% 被故宫博物院收藏，另有 20% 收藏于河北博物院。

唐朝时期，政治、经济、文化空前繁荣，佛教与道教皆得以发展，曲阳成为中国北方汉白玉雕像的发源地及雕造中心。与此同时，造像的雕塑风格也受到唐朝以丰满为美的审美倾向的影响，一改魏晋的清秀庄严，转而追求曲线圆润、生动自然的人物造型。

到了元代，曲阳的石雕技艺达到了历史上的鼎盛时期。元世祖忽必烈定都大都，任命技

骑马关公

千手观音

艺高超的曲阳石雕艺人杨琼为石局总管，担任元大都皇家宫殿建设工程的总设计师，杨琼父子、王道、王浩兄弟等曲阳石匠均在元大都的兴建中发挥了重要作用。至今，北京房山还流传着这样一句话："房山的石头、曲阳的匠，建造了北京城。"

曲阳县北岳庙是北魏时期皇家贵族为祭祀北岳恒山之神而修建的，历代沿袭成制，至清顺治十七年（1660年），帝王均在此遥祭北岳恒山。明代朱元璋诏封五岳、五镇、四渎、城隍等的圣旨碑也立于北岳庙内，可见曲阳石雕技艺影响之深远。

明清时期，曲阳石雕艺人凭借精湛的雕刻技艺参与到皇家宫殿、陵墓和园林的营建中。史料显示，在颐和园苏州街北岸的两块护岸石上保存着"曲阳匠师"的刻字。到清末，始有"天下咸称曲阳石雕"之说。

曲阳石雕的造型千姿百态，构图形象各异。曲阳石雕艺人善于适形构造，根据石料的形状，以丰富的想象来雕刻出各式各样的石雕作品。曲阳石雕的线条飞扬流动，艺人们先后发展出了阴刻、阳刻、阴刻阳刻结合等多种线刻技法，并常常不拘一格地将圆雕、浮雕、线刻等技法混合并用于一件大型石雕作品之中。比如，有的曲阳石雕中人物的头、手等部位为圆雕，而大部分身躯则是用依附于石壁的高浮雕形式，衣饰等细节则是通过线刻的形式来表现，镶嵌、镂空等方法有时也被结合进来。

曲阳石雕整体的艺术风格为浑厚、庄严、大气，不像南方木雕那样玲珑剔透、细致纤巧。曲阳石雕提倡去掉烦琐细节，注重造型的神韵，利用减法思维在造型动态结构上达到传神的主旨。曲阳石雕不仅重视刻画人物的内心世界，也讲究人物与人物之间、人物与动物之间的呼应。在众多经典陈列和著名建筑中，曲阳石雕都得到了广泛应用，下面是一些典型案例。

（一）故宫丹陛石及其他汉白玉建筑构件

丹陛石又称陛阶石，是古代宫殿门前台阶中间镶嵌的长方形巨石，是帝王身份与皇权的象征，只有皇帝的轿辇才可以从上面通过，轿夫和其他人只能走两侧。丹陛石是由汉白玉雕刻、铺设而成，被安置在宫殿前的主路上，石头上雕刻有龙凤、祥云、海水、江崖等纹路。故宫内三大殿的南、北两面都有巨大的丹陛石，其中保和殿后北面的丹陛石由三段组成，是紫禁城内最大的一块，也是保存最完整的一块。故宫中还有许多雕刻精美的汉白玉建筑构件，环绕着整座宫殿，包括宫殿基座、金水桥、华表、阶梯、栏杆和各种雕饰，气势恢宏，雄伟壮丽，其雕刻技巧有着超越时代的审美，展现着曲阳匠人的卓绝技艺。

（二）清东陵丹陛石

明清皇家陵寝内也设有丹陛石，清朝陵寝中的丹陛石安置在大殿前正面三路踏垛之中路，一般在帝后陵中有丹陛石，而其他嫔妃陵

故宫太和门（下为汉白玉基座）

寝即使有，其图案也与帝后陵所设者不同，等级要低得多。[①]河北遵化清东陵慈禧墓正殿的丹陛石采用高浮雕加透雕的方式，使得图案更加新颖，视觉效果与众不同。按照清宫的规制，丹陛石上的龙凤石雕图案本应是龙在上、凤在下，象征皇帝为天，皇后为地，天地结合，也就是阴阳结合。但慈禧却不顾祖制，反其道而行之，将丹陛石雕刻成凤在上、龙在下，以示自己为天，皇帝为地。

（三）故宫博物院修德白石馆

故宫雕塑馆陈列在慈宁宫内，分为雕塑荟萃馆、汉唐陶俑馆、砖石画像馆、修德白石馆、佛教造像馆等五部分。修德白石馆展出的是 1953 至 1954 年河北曲阳修德寺遗址出土的佛教石造像，这批石造像总数超过 2000 尊，内含纪年铭造像 247 尊，延续 300 余年，包括北魏、东魏、北齐、隋、唐等五代，而以东魏、北齐和隋代的造像居多。之所以称为白石馆，是因为造像材质均为汉白玉质地，色白如雪，细腻莹润。

（四）北岳庙石雕

北岳庙位于曲阳县城内西侧，庙内古建成群，碑碣林立，石雕荟萃，蔚为壮观，是曲阳石雕技艺的重要呈现载体。德宁之殿是北岳庙的主体建筑，也是五岳祭祀中规格最高的古建筑，其所用的玉石栏杆、抱鼓、柱础、螭首等

① 晏子有．清東陵的丹陛石 [J]. 紫禁城，1992（05）：36–37.

北岳庙石雕

北岳庙内的玉石栏杆

均为元代雕刻，工艺性极强，充分反映了曲阳艺人高超的雕刻技艺和雕刻的时代特征。

北岳庙内保存着从民间征集的古代雕刻200余件，其中有人物、动物、佛像、经幢等，尤以西汉石虎、北魏石狮、北魏背光千佛像、唐代石灯、唐代大佛、石佛笑和尚、金代经幢为最佳。这些雕刻作品造型优美，刀工细腻，线条清晰流畅，充分展示了曲阳雕刻的悠久历史，以及石雕艺术在不同历史时期的风格和特点，是曲阳古代劳动人民智慧的结晶。

（五）白石彩绘浮雕

曲阳县灵山镇王处直墓内出土了多幅石雕彩绘像，所雕刻之情景是王处直奢华生活的真实写照，现陈列于河北博物院曲阳石雕陈列厅内。此外，墓中还出土了墓志石、墓志盖等，这些石雕堪称美轮美奂、技艺精绝。王处直是五代十国时期北方的一位割据者，历任义武军节度使、北平国国王。千余年间，王处直墓多次被盗，壁画及白石彩绘浮雕成为珍贵的文物遗存。这些彩绘浮雕数量之多、题材之佳、工艺之精，都是前所未有的，精美的石雕作品展示了曲阳石雕的艺术高度。

曲阳石雕拥有悠久的传统、广泛的影响和众多的从业者，且伴随着社会经济的发展，曲阳石雕仍在雕刻行业中保持着传播的广度、传承的深度和个体的特色，因此在曲阳石雕身上体现出了神奇幻化，而又丰富多彩的艺术表现形态。以曲阳石雕为核心文化符号的曲阳雕刻产业，作为河北最为重要的文化产业集群之一，在带动地方经济发展、传承中华优秀传统文化等方面贡献着不可磨灭的重要力量。

九、衡水内画

内画是一门在鼻烟壶内壁进行绘画的技艺，是我国独有的民间工艺，与鼻烟、鼻烟壶有着深厚的历史渊源。鼻烟是将烟草精工炮制，并混入香草、香料、花露等研制成赫黄色粉末，有消寒辟疫的功效。明万历年间，意大利传教士利马窦以贡品的形式将鼻烟献给皇室，自此鼻烟传入中国。到清代，这种宫廷用品已传入民间，并出现了“人人相见递烟壶”的现象。由于百姓嗜好鼻烟，且“争羡收藏器皿”，这便使得鼻烟壶的制作越来越精良。

清康熙三十五年（1696年），十分喜好鼻烟的康熙设立了中国第一家玻璃工厂，专门制作鼻烟壶，除了自己享用外，他还会赏赐给有功的大臣和外国使臣。一时间，鼻烟壶成了八旗子弟夸耀地位和身份的重要物品。清乾隆年间，鼻烟壶的制作材料由料器（玻璃）、瓷器发展到象牙、琥珀、珊瑚、玛瑙、水晶、竹根等。清咸丰年间的《鼻烟歌》中写道：“凤凰鸾鹤撄雀凫，麒麟狮象蛟龙鱼。仙山楼阁烟云嘘，泉石卉木蛙蜢俱。”此时的鼻烟壶在原料选取、工艺制作、修饰装潢等方面已全面发展，其材质涵盖了金属、玉、石、陶器、料器、有机物等六大类，制作工艺包括了传统的写、画、雕、刻、镂、錾、烧、焊、凿、磨、镶、嵌、铸、错、粘、漆及模压技术。鼻烟壶成为清代工艺美术的缩影，被后世称为集中国多种工艺之大成的袖珍艺术品，饮誉世界。

清乾隆末年，内画鼻烟壶诞生。内画艺术使鼻烟壶具备了“寸幅之地具千里之势”的艺术效果，使鼻烟壶工艺达到了精美绝伦的水平，在当时被称为不可思议、鬼斧神工的艺术。

1968年，由多个国家的收藏家共同发起成立了国际中国鼻烟壶学会。

中国内画有四大流派，分别是京派、鲁派、粤派、冀派。

京派最早起源于清乾隆年间，曾涌现出了不少杰出的内画大师，如晚清和民国初年擅画人物的马少宣、孙星五、叶仲三父子，擅画山水花鸟的周乐元、丁二仲、自怡子等，现代京派内画的代表人物是刘守本。京派保持了叶派的传统技法和画风，用竹、柳勾笔作画，画风古朴，笔法刚劲，清雅绚丽，着色饱满圆润。

清光绪年间，山东老艺人毕容九将内画艺术带回博山，经过近百年的发展，最终形成了鲁派内画。鲁派不但改进了内画染料，还改革了内画工具，开始以竹、柳毛笔作画，形成了画面丰满、线条纤细、飘逸流畅的鲁派特色。

粤派内画又称桃江内画，“文化大革命”后期由吴松龄老艺人创建。粤派烟壶轻盈秀逸，壶身饰以描金图案，金碧辉煌，风格独特。

王自勇代表作《牧归图》（正面）

《父亲的历程》（王自勇）

《中国十二朝代名君国宝图》之唐太宗

冀派内画即衡水内画，是国家级非物质文化遗产，由中国工艺美术大师王习三于1967年创建。由于衡水内画艺术独树一帜，衡水也被原文化部命名为中国内画艺术之乡。王习三是京派老艺人叶仲三之子叶晓峰、叶奉祺的第一位外姓弟子。20世纪50年代末，王习三熟练掌握了叶派内画技法后，将猫的形象引入鼻烟壶，他采用工笔“撕毛法”画出了水灵灵的猫眼儿和猫毛茸茸的质感，解决了国画写意技法画出的猫形象呆板、缺乏真实感的难题。此外，王习三还自创了衡水内画的特殊工具——金属杆勾毛笔，即习三弯勾笔。“文化大革命”期间，王习三被遣回原籍河北省阜城县。他虽身处逆境，几度沉浮，但仍以顽强的毅力不懈地追求艺术进步。在阜城县杨庄村，王习三以副业的形式重操勾笔，搞起了内画创作，为创建冀派内画打下了坚实的基础。为了传承冀派内画，王习三曾先后七次收徒，对每个徒弟皆倾囊相授，培育了几十位内画新秀，使衡水内画发展成现代最具实力的画派。

衡水内画把国画的皴、擦、染、点、勾、撕等技法引入内画，立意深邃，构图严谨，线描技法丰富，设色协调精润，书画并茂，雅俗共赏，深为世人所重。

著名内画艺术家王习三成就斐然，其作品豪爽奔放，富有诗情画意，肖像着色清淡，层次分明，富有质感，具有独特的研究价值和艺术水准。

（一）《清代帝后像》

《清代帝后像》是王习三1979年创作的第一套大型套系内画作品，在当时是内画界规模最大的一套作品，由22个鼻烟壶组成，极大地丰富了内画的题材，充分展示了内画的艺术表现力。

《清代帝后像》为墨色黑白肖像，所用鼻烟壶为一色精品玻璃壶，鼻烟壶的正面以故宫所藏的皇帝画像为蓝本，绘制了从清太祖努尔哈赤到末代皇帝溥仪，共12位皇帝和10位皇后。这套作品采用中国传统的勾线平涂的肖像技法进行绘画，其中唯独末代皇帝溥仪的肖像采用的是写实手法绘制。鼻烟壶的背面用工整的隶书书写着人物介绍。这套作品立意深邃，精致细腻，所绘帝后肃穆端庄，衣着隆重，象征着至高无上的皇权，唯独溥仪选择的是他年幼时的图片，流露出孩童本真懵懂的神情。

1982年，这套作品被美国的一位收藏家收藏，曾在第十四届国际中国鼻烟壶学会年会上展出，随即引起了巨大轰动。2012年，这套作品重回衡水故里。

（二）《中国十二朝代名君国宝图》

《中国十二朝代名君国宝图》是由王习三创作的名君肖像壶系列作品，包括夏禹王、商汤王、周武王、秦始皇、汉高祖、晋武帝、隋文帝、唐太宗、宋太祖、元世祖、明太祖、清太祖等12位帝王。每个名君肖像壶的另一面均以写实技法画出该朝代经典的艺术珍品，如

《清代帝后像》

《清代帝后像》——康熙（正面）

《清代帝后像》——康熙（背面）

《清代帝后像》——孝诚仁皇后（正面）

《清代帝后像》——孝诚仁皇后（背面）

《中国十二朝代名君国宝图》

夏陶盂、商青铜鼎、秦兵马俑、汉马超龙雀、晋伯远帖、隋石佛像、唐三彩骆驼、宋官窑贯耳瓶、元青花釉里红盖罐、明景泰蓝龙耳瓶等。这套作品主要采用中国传统的勾线平涂的肖像技法进行绘画，面部着色吸取了西洋画法的技巧，突出光线变化，使画面柔和细腻，古朴典雅。在第二十届国际中国烟壶学会上展出时，被誉为鬼斧神工之作。

十、御贡千年——定瓷

定窑自隋代创烧，极盛于北宋及金，终于元，历经五代，生产800余年，是“五大名窑”之一，而且是其中唯一主要烧造白瓷的窑场，其遗址位于今河北省保定市曲阳县。北宋后期，定瓷形成胎薄釉白、典雅秀丽、印花精绝的艺术特色，其精品为皇家贵族所钟爱，不但畅销大江南北，遍布中国，而且远播海外，故有“定州花瓷瓯，颜色天下白”之称。作为享有盛名、贡御皇室的珍贵物品，定瓷与宫廷文化有着密不可分的联系。

定窑烧制的瓷器在我国古代应用广泛，是古代皇家的御用瓷器，得到统治者尤其是清乾隆皇帝的喜爱，在我国瓷器史上有着举足轻重的地位。定瓷曾作为古代国礼器物之一参与文化交流，成为对外交往的桥梁和纽带，另外也是帝王封赏，以示表彰的珍贵物品。

（一）皇家御用瓷

定瓷自唐永贞元年（805年）起即贡御皇室，至元大德四年（1300年）左右仍“岁贡有常”，时间长达500年，是公认贡御时间最长的历史名窑，宋时即被誉为“天下第一”。

北宋皇帝宋徽宗赵佶曾作《文会图》，描摹文人雅士聚会宴饮的场面。据漳州师范学院靳万青的《宋徽宗<文会图>中所绘瓷器辨析》，画中陶瓷类器物有145件，其中93件为定窑白瓷和黑定，《文会图》中的食器、酒器、茶器都可在世传定瓷产品中找到对应器型，含蓄内敛、温润如玉的定窑白瓷是北宋简约恬淡、沉静雅致文风的时代产物，备受推崇。

孙新民的《宋太宗元德李后陵发掘报告》记载，宋太宗元德李后陵为咸平三年（1000年）祔葬永熙陵，1985年发掘出土定瓷16件，皆为“官”款。

黄信的《论定窑“尚食局”款瓷器的分期问题》中提到，张家口崇礼太子城遗址为金代金章宗夏捺钵时的行宫（1202年左右），2017至2019年考古发掘出土“尚食局”款定瓷22件，为行宫皇室的生活用瓷。

由此可见，定瓷在宋金时期备受皇室推崇。由于宫廷对瓷器的要求非常严苛，因此定瓷的烧制工艺和技术标准非常高，它的出现展示了宫廷工匠在瓷器制作方面的深厚造诣。定瓷的制作过程极为复杂，包括原料准备、配料、成型、修整、施釉、烧制等环节，需要经验丰富的工匠精确掌握，并借助高温烧制技术完成。

（二）皇家贡品与赏赐礼品

定瓷的瓷胎洁白细腻，釉色纯正，器型优雅大气，瓷器的质感和外观经过精心设计，能够凸显统治者的威严和社会地位。在宫廷中，定瓷常被作为礼物、贡品赠送给大臣及其他国家的使节，是尊贵和权力的象征。

宋代周密的《武林旧事》记载，上赏则成号真珠、玉杯、金器、北珠、篦环、珠翠、领抹，次亦铤银酒器、冠镯、翠钿段帛、龙涎、御扇、笔墨、官窑定器之类。

金代张玮等人的《大金集礼》记载，天眷二年（1139年），奏定公主礼物，依惠定公主例，外，成造衣袄器用等物，裙子五十腰……定瓷一千事。

此外，在北宋邵伯温所著的《邵氏闻见录》中还记载过这样一个故事：宋仁宗很宠爱张贵妃，有一天他看见张贵妃宫内摆着一件“定州红瓷器”，宋仁宗问是谁送的，张贵妃回答说是大臣王拱宸进献，宋仁宗听后震怒，训斥其不尊戒禁，私自接受大臣馈赠，随后手持柱斧把瓷器打碎。这个故事说明，当时不仅定窑瓷器的白瓷天下知名，还出现了红釉品种，且属于珍贵物品，所以才会有大臣拿来贿赂贵妃。定瓷之贵重地位，可见一斑。

（三）乾隆对定瓷的钟爱

北京故宫博物院现有定窑瓷器及仿定器物259件，以清宫旧藏79件为基础，加之20世纪60年代故宫博物院的部分征集和收购。清宫旧藏中以乾隆朝为多，由臣工进贡，除满汉大臣、内外官员外，还有商人、侍卫的贡品均有赏收，仅其一朝就收受定瓷742件，分藏于养心殿、乾清宫、景阳宫、宁寿宫等。而康熙朝仅收受定瓷14件，雍正朝关于定窑瓷器进贡只是零星记录。臣工进献自然是以帝王的喜好为标准，可见乾隆对定窑瓷器的钟爱。

据文献记载，流传至今的清宫旧藏定窑瓷器，其中大部分是乾隆时期贮藏内府的。翻阅乾隆朝《活计档》《贡档》等档案材料，几乎每年都有关于定窑瓷器被进贡、收藏的记录，内容涉及对宋明定窑古瓷的加工、清代定窑瓷器的仿制、对古定窑器进行认看鉴定等，不一而足。

在收藏定瓷的过程中，乾隆认真辨析名称，认看等次、刻字、镶口等，对定窑文物的鉴赏水平大大影响了后世文博界，以及考古界对定窑的整体认知和评价。清宫内府对于瓷器类古物的等次划分主要有古上等、古次等、时做上等、时做次等多个等级。在乾隆看来，清宫的古陶瓷有甲、乙、丙或一等、二等、三等的分别，只有入选一等或甲类的器物才是真正的收藏品。二等或未入选者只是一般的陈设器物，或用以赏赐臣工。乾隆对于自己比较中意的器物，一般放入乾清宫库房。上述档案中记录的归入古上等和古次等的器物大都在乾清宫贮存，表明了乾隆对这些器物的珍视程度。此外，“多宝格”与“百什件”也是乾隆划分瓷器级别的两个等次。《清宫内务府造办处档案汇编》中写道："于乾隆十年正月初五日，七品首领萨木哈将定窑瓜式壶一件，认看得平常，入不得多宝格，持进交太监胡世杰呈览。奉旨：既入不得多宝格，仍入百什件内。"由此可知，"多宝格"的等级要高于"百什件"。无论入"多宝格"还是"百什件"的器物，都为小件，且无囊匣，这可能是乾隆为了随时方便把玩的考虑。

加工改制是乾隆把玩定瓷的又一重要内容，主要包括镌刻诗文、装胆、镶口。在入藏宫廷的宋元古定器上题刻诗句，是乾隆独创的鉴赏古物之法。乾隆曾创作了大量以陶瓷器物为歌咏对象的御制诗，据统计在200首以上，其中歌咏定窑的诗作有33首之多，亲命玉工錾刻在相应器物上的有16首。通过这些诗句内容并结合档案材料，可以体会乾隆对于定窑瓷器的鉴赏品位。

御制诗定窑瓷多为每首诗对应一件瓷器，个别有同一首诗（如第五首《咏定窑盘子》和第十四首《咏定窑三羊方盂》）刻于不同器物之上的情况。经现代专家鉴定，有的御制诗定窑瓷实为其他窑口的瓷器，如第三首《定窑瓷枕》对应的两件瓷器分别出自河津窑和磁州窑。乾隆御制诗定窑瓷现多藏于北京故宫博物院和台北故宫博物院，瓷器名称由现代专家命名，因此与乾隆御题诗中的名称有所出入。

乾隆的定窑瓷器鉴赏收藏不只是颐养性情，更将收藏的心得用于指导乾隆朝官窑的实际生产，推动了清朝中期官窑瓷器的创新与发展。乾隆将古陶瓷的赏玩与政治理想相结合，成功塑造了一个堪比尧舜的德君乾隆形象，成为乾隆盛世的一个缩影。

（四）定瓷的现代发展

2016年4月22日，在定窑恢复40周年之际，陈文增、蔺占献、和焕向故宫博物院捐赠作品仪式在故宫博物院景仁宫举行，3位大师的7件作品入藏故宫博物院。

时任河北省曲阳定瓷有限责任公司董事长兼总经理、全国劳动模范、中国工艺美术大师、中国陶瓷艺术大师、享受国务院政府特殊津贴专家、国家级非物质文化遗产代表性传承人陈文增捐赠的作品为定窑白釉印花天

定窑白釉印花天下归心大碗

仿北宋定窑白釉孩儿枕

定窑白釉刻花梅花口瓶

定窑酱釉罐

定窑黑釉圆腹瓶

定窑白釉雕花凤尾瓶

定窑白釉刻划花鱼乐罐

下归心大碗、定窑白釉刻花梅花口瓶、仿北宋定窑白釉孩儿枕，其作品的特点是线形简洁大气，刻花装饰潇洒奔逸。河北省工艺美术大师、河北省非物质文化遗产代表性传承人蔺占献捐赠的作品为定窑酱釉罐、定窑黑釉圆腹瓶，其作品的特点是釉色黑如点漆，有均匀细小气泡充盈其间，使作品更加高雅、朴实、自然、大气，作品以色定为主，用温润沉实的黑色、酱色、红色来表现作品的厚重。中国陶瓷艺术大师、享受国务院政府特殊津贴专家、河北省非物质文化遗产代表性传承人和焕捐赠的作品为定窑白釉雕花凤尾瓶、定窑白釉刻划花鱼乐罐，其作品的特点是以剔花、雕花装饰为主，华贵典雅，多为对社会安定和谐的礼赞。

令人惋惜的是，陈文增在捐赠仪式后不久因突发心脏病而不幸离世，享年63岁。陈文增之后，庞永辉、韩庆芳等众多传承人几代赓续，不断继承、发展、丰富着定瓷技艺和作品体系。

进入新时代以来，定窑瓷器也在不断尝试着与传统文化的融合创

在陈氏定窑瓷业有限公司陈列的当代定瓷产品

故宫收藏的复刻品

御用瓷品牌餐具

新，宫廷文化、吉祥文化的符号属性也在定窑作品上不断体现，如陈氏定窑彰显故宫收藏和御用瓷的品牌产品，还有与恭王府联名，以天下第一福、平步青云等为主题打造的平步青云茶具、一定有福茶盏、五福餐碗等产品。

1. 平步青云茶具

恭王府是我国最大的清代王府，曾为恭亲王奕䜣的府邸，乃风水绝佳

平步青云茶具

之地。在园内山两侧的爬山斜廊最下方有两磴石阶，再往上则斜坡平坦而无台阶，民间称此路为“平步青云路”。平步青云茶具的设计灵感取自李白《上李邕》中的诗句，“大鹏一日同风起，扶摇直上九万里”，壶身和杯体采用定窑传统印花工艺呈旋纹直上，像盘旋而上的旋风，寓意官职、地位、财运迅速上升。

2. 一定有福茶盏

茶盏内的“福”字取自恭王府内康熙御笔的“福”字，相传此“福”字是康熙为皇祖母孝庄皇太后祈福所写，在写法上暗含“子、田、才、寿、福”5种字形，寓意多子、多田、多才、多寿、多福，被誉为“天下第一福”。定窑在宋代时被誉为“天下第一”，定瓷与“天下第一福”两者完美结合，相得益彰，取“一定有福”的美好寓意。

3. 五福餐碗

在恭王府里有一个万福之园，这里隐藏在花园窗格、环廊各处蝙蝠造型中的“福”字恰好有9999个，再加上康熙御笔的“福”字碑，正好有一万个“福”字，因此这里也被称为“万福之地”。在中国传统文化中，“蝠”与“福”谐音，因此蝙蝠一直是福气、吉祥的象征，蝠纹也是中国传统文化中唯一代表福气的纹饰。此款餐具的设计主题为“五福”，口沿及碗底

一定有福茶盏

五福餐碗

部位饰蝠纹，其造型在考虑实用性的同时还巧妙地融入了恭王府的“福”文化元素。

十一、易砚

易砚古称奚砚或燕畿乌金砚，相传始于战国，盛于唐宋，至明代渐趋成熟。《易州志》载：“砚台，产于台坛村，”“石质不亚端溪，”“砚石有紫、绿、灰、白诸色，质细而坚。为砚颇佳。”易水砚产于古易州，因地得名。2006年，易县东汉墓出土的汉代石黛板被相关专家认定为迄今为止发现最早的古代易砚，这可以证明易水砚至少已有一千八百多年的历史。2008年，易水砚制作技艺入选第二批国家级非物质文化遗产名录。

易砚历代为宫廷贡品，与宫廷文化有着密不可分的联系。唐代，朝廷曾赐易州制砚大师奚朝以国姓，改名李朝，其子李廷圭充任墨官。随后李廷圭又将制砚技艺传到安徽歙州和广东端溪，之后便出现了歙砚和端砚。宋代，易水砚受到赵氏皇族垂青，名列宫廷贡品中名砚之首。明代，有鉴赏家曾称赞易水砚：“质之坚润，琢之圆滑，色之光彩，声之清冷，体之厚重，藏之完整，为砚中之首。”

易县崔氏是我国著名的制砚世家，世代制砚，家传三方古砚。崔氏制砚的历史可追溯至五百多年前的明宣德时期，崔氏家族以制砚为生，可谓绵延传承。五百多年来，崔氏制砚技艺代代相传，默默耕耘，至今仍传承着自家特有的制砚手艺。至清代，崔氏祖上曾与宫廷的一位内侍相识，这位内侍后来加官晋爵，并将崔氏易砚推荐给了宫中，一时竟供不应求，崔氏家族也随之声名显赫。在建造清西陵及皇家行宫时，崔氏制砚匠人崔勋及后人参与制作了大量石刻建筑。1985年，崔氏制砚第六代传人崔启祥在国营创办的第一家易水名砚厂任厂长。1987年，崔启祥创办了崔氏砚雕工艺作坊，为易砚传承培养了诸多人才，门下有工艺美术大师、制砚匠人等30多人。崔氏制作的素砚尤为精妙，讲究以用为功，秉古承今，古朴典雅，历来都是文人墨客追捧的文房至宝，在清朝中期更是成为皇家宫廷中的文房上品，台北故宫博物院馆藏的紫石抄手砚就出自清代崔氏砚雕匠人崔子禄之手，相关资料考于《砚台收藏》《中华历代古砚品鉴》。

易砚不仅体现了清代皇室对文化艺术的推崇和追求，更是我国传统文化、艺术和礼仪的符号。

保定市崔氏砚雕展厅外景

清代蜘蛛砚

第八章　技艺传承
——河北宫廷传统手工技艺传承人

宫廷传统手工技艺是独具皇家特色的一种艺术表现形式，它源自宫廷技师和艺术家们对传统技艺的不断继承与创新，不仅融合了中华传统文化的精华，更彰显了皇家美学独特的审美理念。这些技艺涵盖了雕刻、绘画、刺绣等多个领域，每一件作品都体现着宫廷文化的华美，承载着历史的痕迹和文化的底蕴。

当代传承的京作特色手工技艺，大多繁盛于清代宫廷，是故宫文化传承延续不可或缺的重要部分，其中最具代表性的是被誉为“燕京八绝”的景泰蓝、玉雕、牙雕、雕漆、金漆镶嵌、花丝镶嵌、宫毯、京绣等八大工艺门类。这些工艺门类不仅在河北地区拥有深厚的传承，而且河北地区本土的曲阳石雕、衡水内画、磁州窑烧制技艺、砚台制作技艺（易水砚制作技艺）、定瓷烧制技艺、清宫传红木家具制作技艺、缂丝织造技艺（定州缂丝织造技艺）等也都与宫廷文化有着紧密的联系，这些传承在河北大地的非遗技艺及其传承人们构成了“故宫文化圈”不可或缺的重要内容。很多精湛技艺历经数代匠人苦心孤诣，传承至今，并以其独特的魅力与价值点亮了中华传统文化的天空。这些传承人不仅是河北这片土地上文化遗产的守护者，更是故宫文化传承与发扬的宝贵财富。

一、景泰蓝制作技艺传承人——李荣魁、万辉、万阳磊

“燕京八绝”之一的景泰蓝技艺又称掐丝珐琅技艺，元代传入我国，至明代该技艺基本成熟，清代康乾时期达到顶峰。清末，随着封建统治的逐渐衰落，一部分从宫廷造办处里走

出来的皇家工匠流落民间，直至清朝灭亡，宫廷造办处宣布解散，曾经的皇家工匠们彻底走出紫禁城的高墙，将景泰蓝技艺传承了下来。如今在河北，景泰蓝制作技艺的传承主要集中于廊坊大厂回族自治县、香河县和涿州市、保定涞水县等地。

根据目前可查的景泰蓝技艺传承谱系，早期被称为第一代传承人的是汪宝成。汪宝成生于 1912 年，自 1925 年起，在北京广安门外的小磨坊珐琅作坊学习掐丝，从此走上了景泰蓝技艺的传承之路。新中国成立后，北京景泰蓝实验工厂成立，景泰蓝技艺开始有了系统的研究和传授。第二代传承人是钱美华，1927 年出生的她于 1951 年到清华大学深造，师从梁思成、林徽因，主研工艺美术。1953 年毕业后到北京景泰蓝实验工厂从事设计工作，1958 年成为北京市珐琅厂设计室负责人。也就是在这一时期，李荣魁来到了北京市珐琅厂学艺，并拜师汪宝成。学成之后的李荣魁将景泰蓝技艺带到了廊坊大厂回族自治县，传承不辍，赓续至今。

李荣魁

李荣魁，1941 年 6 月出生，中国景泰蓝艺术大师、中国文物收藏鉴定中心副主任兼鉴定专家组副组长、国家级非物质文化遗产景泰蓝制作技艺代表性传承人，被中国文化艺术研究院聘为终身成就院士。1958 年进入北京市珐琅厂学艺，拜在老艺人汪宝成、陆玉刚门下，后到燕京书画院和中央工艺美术学院进修，并参与了林徽因、钱美华挽救景泰蓝工艺试制小组，后长期从事景泰蓝的设计、生产、研发、传承及鉴定等工作。从艺近 60 载，李荣魁执着于皇家工艺的创新传承，硕果累累，并形成了自己独特的艺术风格，他的作品造型新颖、纹样独特、细而不繁、美而不浮。

为了传承和发扬景泰蓝制作技艺，李荣魁曾经专门去到北京故宫、承德避暑山庄、沈阳故宫，对其中所藏的景泰蓝作品、艺术品、宫中御用品等进行了考察和临摹。他在故宫一待就是八年，搜集了大批资料，并对实物的全程装饰、造型进行了研究。在创作过程中，李荣魁结合社会发展，进行大胆创新，吸取精华，剔除糟粕，这才将景泰蓝制作技艺传承了下来。

李荣魁不断追求，刻苦钻研，勤奋好学，始终执着于景泰蓝事业，与他的同人们编写了

《景泰蓝工艺操作规范》《景泰蓝质量标准》，编绘了《景泰蓝传统花卉图案》《博古图案》《龙凤图案》《松鹤图案》《传统吉祥图案》等，为培养新一代景泰蓝工匠奠定了美术知识和工艺传承的基础。

20世纪六七十年代，李荣魁为外贸出口设计了几百张图纸，形成了瓶赏系列、炉罐系列、佛具系列、鼻烟壶系列、高仿系列等诸多经典作品。为了使这些作品更加精细化，以达到出口标准，他还绘制了云头、蕉叶、八字码、云锦地等几十种模具，既保证了产品质量，又提高了工作效率，为外贸出口换汇做出了极大贡献。

李荣魁的作品不仅多次被选为国礼，还多次荣获国际国内各种大奖，更有佳作被供奉于佛教圣地，成为闻名全球的当代文物。1980年，《中日友好景泰蓝奖杯》被时任中华人民共和国驻日本特命全权大使符浩先生作为国礼赠送给日本天皇；李荣魁为美中友好协会制作的《青云瓶》成为当时美国总统颁发给为中美友好做出杰出贡献的名人的奖杯；《60寸仿故宫香炉》获全国工艺美术展览一等奖；1.6米的《景泰蓝舍利塔》内供佛祖舍利，现永久供奉于我国佛教圣地云台山海清寺，成为闻名世界的当代文物。

1992年，李荣魁被查出胃癌中晚期，在术后化疗过程中，他向主治医生说出了自己的梦想："为了景泰蓝的传承和发展，不能让具有皇家文化、宫廷工艺的手艺失传，我要坚定地活下去！创建一个国家级非物质文化遗产代表性项目景泰蓝的培训基地，让景泰蓝得到更好的保护和发展，否则我死不瞑目。"

1996年，李荣魁在廊坊大厂回族自治县创建了李荣魁传承工作室。2015年，该工作室被文化部授予"国家级非物质文化遗产代表性项目景泰蓝制作技艺培训基地"称号，现在这个基地不但承接制作各级大师的作品，还不断创新，努力打造自己的品牌。

李荣魁一生为景泰蓝制作技艺的传承与发展而奔波，不遗余力地奔走于河北、天津、西安、重庆等地的工艺品厂，讲授景泰蓝的发展史，并传授景泰蓝的制作技艺，培养了一批工匠和技师，可谓桃李满天下。

黄景仁是李荣魁众多弟子中的代表人物之一。1974年，黄景仁进入八百户珐琅厂学艺，拜在老艺人李荣魁、郎国治门下。1985年，黄景仁创立了京东珐琅厂（今大厂回族自治县京东工艺品有限公司）。在黄景仁和他的儿子黄文海两代人的苦心经营下，如今的大厂回族自治县京东工艺品有限公司已成为拥有近百名职工的国家级非遗景泰蓝技艺保护单位。

景泰蓝技艺在河北保定的传承要从第三代传承人王新民说起。1932年出生的王新民于1960年进入北京市珐琅厂学徒，1972年，王新民被派到河北保定涿州的景泰蓝厂担任掐丝技术指导。在这里，王新民带出了包括万炳文在内的一批学徒。后来，万炳文将景泰蓝技艺带回了保定涞水县，至今已传承三代。万炳文的儿子万辉，曾用名万紫红，自幼学习景泰蓝制作，尤其擅长设计。1999年，万辉接手了张翠台工艺品厂的管理工作，并且在2013年进行了公司化改制。近30年的时间里，万辉创作了大量的景泰蓝艺术精品。如今，传承景泰蓝技艺的接力棒传到了1994年出生的万阳磊手里。自幼喜欢美术的万阳磊深受爷爷和父亲的影响，十几岁就跟随父亲学习景泰蓝的设计，大学本科师从故宫博物院和首都博物馆的老师学习文物修复专业，毕业以来参与设计出了很多景泰蓝艺术精品，在业内已经崭露头角。在笔者实地采访时，作为新一代的传承人，万阳磊言辞之间透着一种年轻人的朝气，她思路清晰，对传统技艺的传承和责任有着自己的见解。对于继承与创新，她表示希望将自己传承的工艺和现在喜闻乐见的器物相结合，使其更加贴合时代，更好地服务于大众。

二、花丝镶嵌制作技艺传承人——马福良

花丝镶嵌技艺是“燕京八绝”之一，因所需材料贵重，在我国古代一般仅供皇室贵族使用。春秋时期，花丝镶嵌技艺便已有雏形，廊坊大厂回族自治县有关花丝镶嵌制作技艺的历史最早可追溯至汉代，造型精致奢华，受到历代皇室贵族的青睐。在长期的传承中，花丝镶嵌技艺不断改革创新，到清乾隆年间，花丝镶嵌技艺的工艺水平达到了顶峰，花丝镶嵌制品

马福良

被指定为朝廷贡品。鸦片战争以后，清朝皇室式微，花丝镶嵌技艺也逐渐呈现衰落的态势。近年来，国家不断加大文化遗产保护力度，花丝镶嵌制作技艺于2008年入选第二批国家级非物质文化遗产名录，花丝镶嵌技艺终于再次回到公众视野。

马福良，回族，1958年出生于河北廊坊，是第二批国家级非物质文化遗产项目花丝镶嵌制作技艺代表性传承人，河北省一级工艺美术大师，2015年获得“全国劳动模范”荣誉称号。

1958年，马福良出生于廊坊大厂回族自治县的花丝镶嵌世家，父亲是有名的蒙鏊石镶大师马作文。马福良17岁开始学艺，他设计制作的花丝镶嵌工艺品融合了多朝代、多民族的宗教、文化、美学、技艺等多重元素，形成了独特的手工艺流程和造型特征，在工艺美术界独树一帜，具有极高的审美价值。

马福良的作品精彩绝伦，多次获奖。其中，

《莲花薰》获中国民族民间工艺美术博览会金奖，《银水牛角刀》获2008年中国中部收藏品暨工艺品礼品博览会金奖，《牦牛角薰》和《卡克图银剑》集蒙镶、花丝、卡克图工艺为一体，投放市场后深受广大工艺品爱好者的喜爱，得到众多好评。

马福良不仅醉心于花丝镶嵌工艺品的创作，还对花丝镶嵌工艺进行了系统研究，将此工艺进行古今结合，中西交融，利用现代美学，不仅将花丝镶嵌技术发扬光大，还加强了对手工艺品其他工艺技术的研究学习，现已成为掌握花丝镶嵌、烧蓝、錾活、镶活的全活工艺专家，被誉为“大厂花丝镶嵌第一人”。作为花丝镶嵌技艺的传承人和守护者，马福良在2009年成为国家级非物质文化遗产项目花丝镶嵌制作技艺代表性传承人，同年被评为河北省工艺美术大师。

为了将花丝镶嵌这一古老的技艺发扬光大，马福良于1997年创办了花丝镶嵌工艺品公司。2012年，经过15年的发展，公司的职工人数达到65人，其中拥有超过30年艺龄的工人就有15人，产品形成了蒙藏、花丝烧蓝、卡克图、金银摆件、首饰等8个系列共1200余个品种，公司的蓬勃发展将花丝镶嵌工艺品推向了世界。2010年，马福良荣获非物质文化遗产生产性保护优秀个人奖，他的公司也于2009年12月被列为河北省文化产业示范基地。

马福良深耕花丝镶嵌技艺的传承与发展，除了对技艺的钻研，他还深刻地认识到后备人才的稀缺已经成为手工技艺传承的一大难题。因此，马福良开始不断尝试与高校开展合作，联合培养传承人，希望能够将花丝镶嵌这门精湛技艺更好地传承下去。

三、宫毯制作技艺传承人——周子华

宫毯是极具地域特色和宫廷美学的手工艺制品，在宫廷文化中地位崇高。元代的织毯业蓬勃发展，明代的官营织毯机构转向制造高质量的官坊毯，宫毯制作技艺在清代的发展更为繁荣，有毯匠专门为皇帝织造地毯，还成立了专门监督生产宫毯等宫中用品的机构，并形成了多彩融合的宫廷风格。北京宫毯后被列入“燕京八绝”，是中国宫廷艺术中珍贵的传统手工技艺代表作之一。

周子华，中国工艺美术学会会员、河北省民间工艺美术大师、宫毯织造技艺传承人。

20世纪60年代，宫毯制作技艺传入河北文安，周子华从小跟随父亲学习该技艺。宫毯制作技艺考究，过程复杂，主要采用青海和西宁的优质羊毛、新西兰的羊毛或蚕桑丝手工织造而成。宫毯以传统图案著称，融中国绘画、刺绣、织锦、建筑装饰艺术于一体，体现出典型的宫廷文化特征。据周子华介绍，手工宫毯最辉煌的时候，他们村40岁以上的人都会织毯子，村里有十几家地毯作坊，后来其他作坊纷纷转行，但他仍选择坚守这门技艺。

20世纪90年代，随着机织宫毯大量出现，

周子华

给手工宫毯带来很大冲击，效益滑坡，技师大量流失。周子华说：“我对宫毯有一种感情，每完成一件作品都特别有成就感。”在周子华看来，制作宫毯不仅是生意，更是一种文化，匠人要尽一生，毕一事。

2016年，宫毯织造技艺入选河北省省级非物质文化遗产名录。周子华带领团队制作的宫毯不仅在西藏、青海、内蒙古等地广受欢迎，还出口到中东地区，更作为艺术品被河北博物院收藏。

看到越来越多的非遗传承人在网络平台上展示非遗之美，50多岁的周子华也赶起了流行。借助直播平台，周子华在互联网上讲述宫毯织造的历史和故事，尽心尽力地传承和发扬这门古老技艺。

四、宫廷织绣技艺传承人——梁淑平、陈芳刚、王小潇

“燕京八绝”之一的京绣是一门古老的中国传统刺绣工艺，其历史可追溯至唐代，历经辽、金、元、明、清，千年传承，在清代最为繁盛，被誉为“宫绣”，主要是供宫廷、帝王、侯爵服饰之用。2014年，定兴京绣入选第四批国家级非物质文化遗产名录，梁淑平是定兴京绣传承人中的杰出代表。

梁淑平，河北定兴人，2018年5月成为国家级非物质文化遗产项目京绣代表性传承人。

河北定兴京绣是京绣大家族中的一个分支，是定兴县南大牛村宫绣艺人梁枝一脉的家传，至今已有百年历史，梁淑平是定兴京绣第四代传人。梁淑平自幼跟随父亲学习京绣，技艺水平不断提高，逐步形成了自己的独特风格和技法。她技艺精湛，手法娴熟，其绣技具有平、齐、细、密、和、光、顺、匀的特点。梁淑平重视京绣产品的创新设计与研发，利用独特的立体手工刺绣工艺技术，将京绣元素融入现代时装，创作了大量优秀作品，在京绣技艺领域具有代表性和较大的影响力。同时她还注重技艺传承，培养了大量的京绣人才，为京绣技艺的传承和发展做出了突出贡献。

除了梁淑平，年轻一代的河北人也已经扛起了传承京绣的旗帜，放弃北京高薪回乡创业的唐县小伙陈芳刚便是其中的优秀代表。2019

梁淑平

陈芳刚

年，陈芳刚从北京回到家乡唐县南唐梅村开设了非遗工坊，他不仅将京绣技艺深植于河北大地，让京绣作品成了当地具有市场竞争力的文化产品，更是积极运用互联网技术，传播非遗文化，努力探索非遗产业助力乡村振兴的创新模式。他说："传统文化是未来乡村振兴的'灵魂'，它让我们的非遗产业有了精气神儿！"

陈芳刚，1987 年出生于河北保定唐县，2011 年毕业于首都师范大学，2017 年开始跟随吴兰春学习京绣技艺，2021 年 9 月正式拜入吴氏京绣传承人吴兰春门下，成为第五代吴氏京绣传承人。

2019 年底，陈芳刚回到老家保定唐县南唐梅村，成立了唐梅非遗扶贫工坊，随后组织村里的妇女学习京绣，承接订单，以增加收入。疫情三年，唐梅非遗扶贫工坊逆流而上，绣娘从最初的 5 人发展到现在的 140 多人，年销售从最初的 10 多万，增长到 2024 年前两季度的 180 多万。2023 年，陈芳刚被中共保定市委宣传部授予"保定文化名家工作室"荣誉称号。2023 年 7 月，陈芳刚在深圳龙岗区设立了深圳工作室，并与香云纱传承人建立京绣战略合作关系，开发了一系列深受市场好评的京绣香云纱。2024 年 4 月，陈芳刚在杭州临平服装产业园设立了杭州工作室，与鹅绒服品牌达成战略合作协议，将传统工艺京绣与时尚羽绒服进行跨界融合。

陈芳刚创立的唐梅非遗扶贫工坊在脱贫攻坚和乡村振兴的过程中做出了巨大贡献。首先是带动贫困山区留守女性就业，经过刺绣培训，这些留守女性的月收入提高至 2400 元。其次是通过大力发展京绣产业带动了其他非遗项目的发展，如苏绣、湘绣、蜀绣、鲁绣等刺绣技艺名家相继在南唐梅村开设工

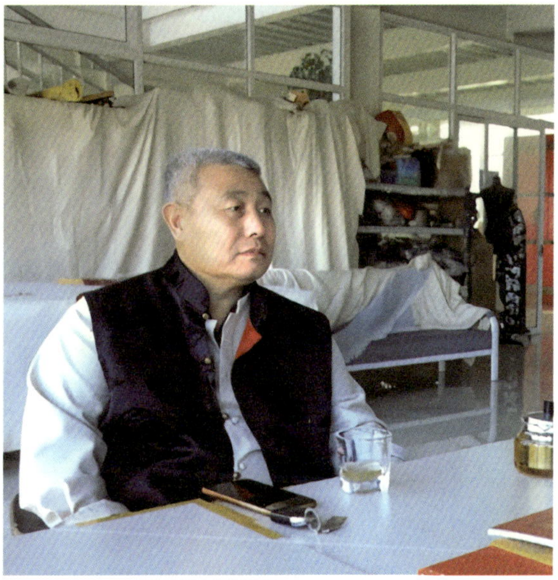
王小潇

作室，借用成熟的京绣绣工学习其他刺绣技艺，从而为这些工作室进行订单生产，南唐梅村逐渐被打造成传统刺绣专业村。

因为扶贫效果显著，陈芳刚的事迹被媒体多次专篇报道，还登上了《沿着高速看中国》《了不起的技艺》等栏目。2021 年 3 月 9 日，陈芳刚受邀做客央视新闻两会特别报道栏目《两会你我她》，向全国人民分享了南唐梅村的非遗扶贫产品和非遗扶贫模式。2021 年和 2022 年，陈芳刚分别荣获河北省团委授予的“冀青之星”、保定市团委授予的“乡村振兴——保定好青年”等荣誉称号。

与宫廷京绣相关的，还有在河北易县传承的清宫传统刺绣技艺，其代表性传承人是王小潇。

王小潇，1967 年出生，河北易县人，易县清宫传统刺绣技艺传承人。王小潇的出生地河北易县，早在明清时就因御绣而闻名。从小的耳濡目染，使得他很早就开始接触绘画和刺绣。改革开放初期，宫绣的复刻改良作品在市场上取得了良好的销售成绩。然而，在价格保持稳定的前提下，由于工价和订单数量的上涨，导致投入成本的显著增加。在这种形势下，宫绣创作呈现出了追求快速完成与数量扩张的趋势，即“图快走量”的现象。但是从长远发展的角度来看，这种趋势不利于宫绣艺术的持续繁荣。

王小潇逐渐意识到他所传承的宫绣不仅仅是一个谋生手段，更是一种需要传承的文化。1995 年起，王小潇赴北京钻研宫绣技艺。在这个过程中，王小潇在最难的织绣技法方面，包括色彩运用和针法上都有所突破，“把宫绣当作一辈子的事业干下去”的想法也开始根深蒂固。

2016 年，在共建“一带一路”倡议的背景下，王小潇创作的清宫传统刺绣礼服——《万国来朝》，在中俄文化大集展览中荣获优秀展品奖。

五、缂丝织造技艺传承人——程苗欣

2021 年，缂丝织造技艺入选第五批国家级非物质文化遗产名录。缂丝自唐代以来一直是皇家御用织物之一，北宋的缂丝在传承唐代技艺的基础上不断发展创新，推动缂丝制造技艺发展至鼎盛。此时定州的缂丝织造技艺也处

程苗欣

于全盛时期。随着国家政治经济中心南移，出现了“北有定州，南有松江”的说法。明清时期，缂丝专供宫廷，明代宫中设有缂丝匠进行缂织，主要制作皇帝龙袍，清代的缂丝技艺日渐精湛。

程苗欣，1979年7月出生，定州缂丝省级非遗代表性传承人，定州缂丝第八代传人，定州缂丝文化研究会理事，定州市优秀民间缂绣艺人，保定市工艺美术大师，定州缂丝传习基地、定州市郭氏缂丝有限公司创始人，河北省劳动模范。

传承传统技艺，并将其发扬光大，同时带领群众一同致富，这是程苗欣最大的心愿。为此，她整理编印缂丝宣传学习资料、建造缂丝器械设备，面向社会广招传统手工艺爱好者，常年免费教学。她让自己的女儿和农村姑娘们一起学习缂丝技艺，把她们培养成心灵手巧的缂丝技师。外县市的缂丝爱好者也纷纷慕名前来，在她的悉心指导下成长为缂丝能手。定州缂丝传习基地自创建以来，免费培养了80余名女性缂丝技师，如今基地的固定从业人员已有10余人。

通过在缂丝传习基地的学习，越来越多的村民实现了顾家、就业两不误的梦想，他们靠着自己的巧手挣钱，在保障经济来源的同时也丰富了自己的精神生活。程苗欣通过传承和弘扬缂丝技艺，先后为10多个困难家庭提供了就业机会，实现了灵活就业、致富增收，为非遗助力乡村振兴起到了积极的推动作用。同时，程苗欣还开设了缂丝文化学习宣传课堂，与两所中小学，以及河北大学、河北师范大学、河北科技大学等高校合作，作为新时代文明实践学习基地，向学生们免费宣传缂丝文化，并让他们现场学习体验缂丝技艺，受益学生达8000多人次。

程苗欣还精心打造非遗工坊，发展特色非遗产业。她在坚持缂丝传统工艺的同时，不断融会创新，将缂丝元素织品运用于服装局部镶嵌，又研发了耳环、团扇、手帕、女包、十二生肖挂件、车饰等非遗特色文创产品，使之更符合现代社会和大众的审美需求，为缂丝这一传统技艺开拓出了更为广阔的市场。

同时，为了传播缂丝文化，程苗欣积极参加国内举办的各类民间文化艺术展，如河北省非遗特色文化产品博览会、中国·台儿庄（山东）古城非物质文化遗产博览会、京津冀文化创意博览会、首届东北亚文化艺术博览会等。在北京钓鱼台国宾馆举行的中国发展高层论坛“河北之夜”主题活动中，她现场演示制作绛丝制品，将绛丝技艺展现在了世界面前。

六、清宫传红木家具传统制作技艺传承人——于永超

2017 年，清宫传红木家具传统制作技艺入选河北省第六批省级非物质文化遗产名录。狭义的京作特指宫廷造办处、御用监等机构制作的硬木家具，专供宫廷贵族，尤其是天子使用，不包括京城民间的普通家具。明清时期，京作家具以其独特的宫廷风格和精湛的工艺成为当时家具流派的重要组成部分，与苏式、广式形成三足鼎立。清雍正、乾隆年间，京作家具的发展达到巅峰，对当时我国南北方家具的发展风格影响深远。

于永超，1971 年出生，河北涞水人，涞水县清宫传红木家具传统制作技艺市级非遗项目代表性传承人，中华木作大师，木雕工、手工木工职业（工种）国家职业技能竞赛裁判员，河北省工艺美术大师。

1984 年，于永超进入涞水县上车亭村雕刻厂学徒，师从木雕大师于瑞申先生。于永超喜欢不断雕琢自己的作品，对细节有很高的要求，追求完美和极致，对精品有着执着的坚持。秉承专业、专注、一丝不苟且孜孜不倦的态度，于永超潜心学习并传承清宫传红木家具传统制

于永超

作技艺，对开料、烤料、设计、绘图等无不精通，尤其擅长浮雕、镂雕、圆雕、镶嵌雕、通雕、透空双面雕等技术。他的作品极具皇家气派，既承袭了明代家具简洁、明快之风，又展现了清代家具雍容华贵之韵，更实现了书画艺术与雕刻技艺的完美结合，弘扬了博大精深的中华文化。

于永超始终坚持纯手工制作，不使用任何电动工具，严格按照传统制作技艺，以清宫廷家具图谱为基础，生产工艺采用原汁原味的清宫廷技法，在家具的整个制作过程中不使用油漆、腻子、钉子和任何防腐剂，全部以精密巧妙的榫卯结合，致力于将传统技艺世代传承下去。

2008 年 8 月，于永超创办涞水县木雕、核雕艺术学馆，以传帮带的方式培养了大批红木家具技能人才，并不断输送到河北、北京、

2023 年保定市职工职业技能大赛暨涞水县第七届“工匠杯”家具雕刻技能竞赛开幕式

竞赛现场

天津等地，带动了古典家具行业的发展。在全国其他地区出现人才断代的情况下，涞水的红木产业一直延续传承，蓬勃发展，培养了一大批古典家具技师。

2015 至 2023 年，于永超组织举办了 7 届涞水京作红木文化节、7 届涞水县“工匠杯”雕刻技能竞赛、5 届全国技能大赛涞水分赛区比赛、河北省“京作古典家具杯”雕刻大赛等，致力于将清宫传红木家具制作技艺及其承载的传统民族文化发扬光大。

七、百宝嵌制作技艺传承人——王长安

2017年，百宝嵌入选河北省第六批省级非物质文化遗产名录。百宝嵌是明中后期形成的一种装饰技法，清代时受工艺美术发展的影响，皇家园林等建筑兴起，皇家愈加钟情于室内陈设的设计，百宝嵌工艺在此时期进一步发展，装饰内容更加丰富多样，主体和造型更加精致细腻，技法不断创新提升，制作工艺更为精湛，百宝嵌工艺至此达到鼎盛。

王长安，1964年出生，河北霸州人，百宝嵌制作技艺传承人。1979年，王长安进入王泊村磨玉厂跟随姚顺壁学习磨玉技艺。1985年进入王泊木雕厂跟随张克勤学习木雕和银丝镶嵌技艺，1986年到天津特种工艺品厂跟随杨桂森学习百宝嵌技艺。

1997年，王长安从王泊木雕厂辞职回家，在家里开了一家小作坊，专门从事木雕和百宝嵌的制作。1998年，在周庆元的指导下，王长安的百宝嵌技艺更加精进。1999年，王长安在家庭作坊的基础上创建了霸州市宏达家具厂，从事古典家具的生产及百宝嵌的制作，并开始带徒授艺，使得百宝嵌技艺在王泊村代代传承。

王长安制作的百宝嵌种类丰富，大到屏风、家具等，小到小摆件、生活用具等，体现了百宝嵌工艺用料考究、做工精美的特点，展现出较高的历史价值、文化价值及艺术价值。

王长安

王长安所传承的百宝嵌技艺无论是从师承系统、工艺技法，还是艺术风格都直接传承和发展了明清宫廷艺术，其制作的百宝嵌用料考究、工艺精湛、珠光宝气、雍容华贵，充分体现了皇家的大气，是带有浓厚宫廷风格和皇家风范的工艺精品。在制作过程中，王长安始终坚持古法，一直走精品路线，采用平嵌、矫嵌、立体镶嵌等传统镶嵌技艺，艺术表现手法丰富多彩。

八、曲阳石雕技艺传承人——刘红立

曲阳石雕萌芽于西汉时期，汉武帝时所建北岳庙是曲阳石雕发展史上一个重要的里程碑，此后历代都有曲阳石雕的造像遗存。忽必

烈在建设元大都时，曾招当时曲阳的雕刻大家杨琼进京参与建造宫殿。杨琼用圆雕手法，雕刻了一狮一鼎奉上，被忽必烈封为“绝艺”。明清时期，因曲阳距离北京较近，所以曲阳的石雕工匠也参加了北京皇家宫殿，即故宫博物院的修建，风格大气精美。①

刘红立，国家级非物质文化遗产曲阳石雕代表性传承人，中国工艺美术大师，享受国务院政府特殊津贴专家，中国青年石雕艺术家，中国工美行业艺术大师，其作品《双色释迦牟尼佛》曾荣获国家外观设计专利。

刘红立出生于北方最大的仿古石雕聚集区——曲阳县南故张村，16 岁拜雕塑大师王同锁为师学习技艺，20 岁到中央工艺美术学院（现清华大学美术学院）雕塑系学习深造。他既立足于曲阳石雕艺术的传统，在圆雕、镂雕、浮雕等石雕传统技艺上师承古法，又将现代解剖学、透视学、美学融入创作，融汇中西方的优秀文化艺术，探索创新出石材嫁接技艺的模式。

在企业经营方面，刘红立于 1993 年创办曲阳县京曲艺术雕刻厂，如今已发展为曲阳宏州雕塑园林有限公司，成为全国雕刻行业的龙头企业，担负着引领行业发展方向、传承千年非遗技艺的历史重任，该企业先后被授予国家级非物质文化遗产生产性保护示范基地、国家文化产业示范基地、中国二十强雕刻企业、中

刘红立

国轻工业工艺美术行业十强企业、河北省非物质文化遗产传承示范基地等荣誉称号，大大推动了曲阳石雕的迅猛发展。

在传承传艺方面，刘红立投资建立了曲阳石雕非遗传习所、传承人工作室、非遗博物馆等机构，聘请国内著名的专家学者来曲阳授课。他还组织了河北雕刻大家讲活动，进一步促进学院艺术与民间艺术的结合，从而继承并弘扬曲阳悠久的千年石雕技艺和大国工匠精神。

在学术研究方面，刘红立于 2020 年 9 月走进北京高校任教，将河北非遗带进北京高校的课堂，书写着传承传播曲阳石雕技艺的新篇章。2021 年 1 月，刘红立受聘任北京城市学院工艺美术专业的研究生导师，并在石质文物修复领域深耕钻研，为传承曲阳石雕技艺创造

① 张皓．曲阳石雕的文化传承与产业化研究 [D]. 保定：河北大学，2013.

了更加广阔的舞台。

九、衡水内画传承人——王习三、王自勇

内画是一种融合了书法、绘画和雕刻的技艺，最早见于鼻烟壶中。鼻烟壶于明代传入中国，清代时鼻烟壶大规模涌现，主要流行于当时的皇室贵族之中，皇宫内甚至设立了专门制作鼻烟壶的场所。清乾隆年间，鼻烟壶制作技术不断发展，于是出现了内画鼻烟壶。内画艺术和内画鼻烟壶受到王公贵族的喜爱，成为一种身份的象征，后经发展逐渐从宫廷走向平民百姓，绘画题材也向平民生活靠拢。[1]

内画艺术流传至今，按照地域分为京、鲁、冀、粤四大流派。京派内画最早起源于清乾隆年间，冀派内画创始人王习三是京派内画老艺人叶仲三之子叶晓峰、叶奉祺的第一位外姓弟子。1967 年，王习三回到原籍阜城县杨庄村，开始创建冀派内画，还自创了冀派内画的特殊工具——金属杆勾毛笔，即习三弯勾笔。此后，王习三又把油画技法引入内画，打破了传统单一水彩作画的局限，将内画的技艺水平提升到了一个新的历史高度。王习三曾先后七次收徒，让冀派内画艺术创作人才名扬海内外，他因此荣获首届亚太地区手工艺大师、中国工艺美术大师等荣誉称号，并连续五届当选为全国政协委员。

王习三

王自勇，艺名王又三，河北阜城人，自幼受家庭影响酷爱内画艺术，国家级非物质文化遗产代表性项目衡水内画省级代表性传承人。

冀派内画传承人王自勇自幼随父亲王习三学习内画，创作内容以肖像、山水为主，首创《人生·故事》系列作品，开创了内画浓墨山水画法之先河。1992 年，他发明了钻石粉勾笔。2012 年 6 月，他被评为省级非物质文化遗产项目传承人。

在技艺传承方面，王自勇首创了非物质文化遗产保护传承的内画博物馆模式，创办了首

① 张鲁钰．内画艺术纪录片的影像建构 [D]．保定：河北大学，2023.

王自勇

个国家承认学历的内画艺术培训学校，建成世界上首个内画专业博物馆，把“习三”品牌创建成中国驰名商标，并获得了联合国教科文组织世界杰出手工艺品徽章。

在产业发展方面，王自勇把习三内画公司建设成为河北省文化产业示范基地、国家文化产业示范基地、国家级非物质文化遗产生产性保护示范基地，衡水内画艺术博物馆被评为全国非国有博物馆管理运行示范馆、全国社会科学普及基地、国家5A级社会组织。

在个人成就方面，王自勇先后被评为中国内画艺术大师、河北省工艺美术大师、河北省有突出贡献中青年专家、享受国务院政府特殊津贴专家，河北省第十三届人民代表大会代表、中国工艺美术学会鼻烟壶艺术专业委员会副会长、衡水市冀派内画协会主席，同时他还是衡水内画艺术博物馆、河北习三内画博物馆馆长。

王自勇师承家传却不拘于框架，为了内画技艺的传承与发展，他创建了中国首家内画专业博物馆，向公众展示内画传承，科普内画技艺，让宫廷技艺走近千家万户，让传统工艺走向世界。

十、定瓷制作技艺传承人——韩庆芳、王艉

定瓷即定窑瓷器，定窑原本是一座民窑，始烧于唐代，这一时期的定瓷受邢窑的影响较大，尚未形成独特的艺术特色。北宋时期，定窑烧制技术进步，逐渐形成自身特色，为满足宫廷用瓷的需要，由官府督办定窑生产，烧造了大批宫廷用瓷，此时定窑被列为宋代“五大名窑”之一，与汝窑、哥窑、官窑、钧窑齐名。1972年，在时任国家领导人的关怀与支持下，定瓷走上了复兴之路。1975年，保定地区工艺美术定瓷厂筹建处成立，后改名为曲阳工艺美术定瓷厂，这个厂里培养出了我国第一批定窑技术工人，包括陈文增、蔺占献、和焕、王玉峰、左树林、刘孟儒、刘占印、刘占山、张连好、赵平欧、牛占圈等人。其中，陈文增、蔺占献、和焕是骨干人才，推动了当代定瓷的复兴。

在定瓷技艺的后继者中，庞永辉、韩庆芳等人是优秀代表。

庞永辉，师从陈文增，中国工艺美术大师，全国人大代表，河北省曲阳陈氏定窑瓷业有限

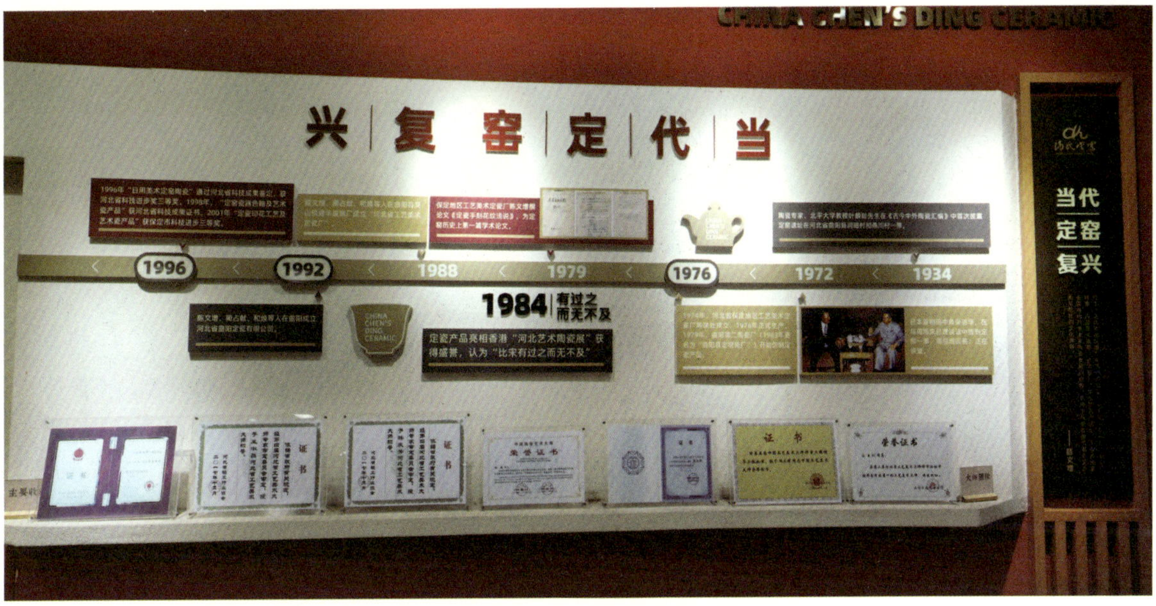

陈列在河北省曲阳陈氏定窑瓷业有限公司的《当代定窑复兴》展柜

公司高级技师。

韩庆芳，河北省非物质文化遗产项目代表性传承人、河北省工艺美术大师、河北省陶瓷艺术大师、河北省十大金牌工人，师从陈文增、和焕，从事定窑装饰设计及定瓷文化宣传工作近 20 年，现为河北省曲阳陈氏定窑瓷业有限公司工艺师。

儿时的韩庆芳常在舅舅陈文增家中看见定瓷刻花样式图纸，内心十分喜欢，年幼的她还不知道定瓷是何物，更不知道舅舅陈文增在定瓷界的地位，但从那时起，“成为定窑装饰设计师”的梦想就已经开始在韩庆芳的心中萌

陈文增、和焕、蔺占献被誉为“现代定瓷三杰”

芽。1997年大学毕业后，韩庆芳毫不犹豫地选择进入了曲阳定瓷有限公司。可刚进公司时，交给她更多的是会计、验瓷员、库管员等岗位的工作，与定瓷的研究创作并没有太大关联。但韩庆芳心中一直坚守着成为定瓷工艺师的信念，一有时间就对着陈文增的刻花作品，以及和焕的剔花作品进行反复琢磨研究，并利用晚饭后的时间在院子里用废弃模具注浆的注浆坯子学刻花。最终，她的勤奋刻苦打动了陈文增，如愿走上了刻花、剔花技艺的学习之路。有了陈文增、和焕两位前辈的悉心指导，再加上自己的勤思苦练，韩庆芳逐渐掌握了定瓷装饰工艺的精髓。经过十载苦练，终出师独力成作，她的剔花作品多次在中国工艺美术作品比赛中斩获金奖。

在工艺技法方面，韩庆芳发明了以线引枝的构图模式、全斜刀法的雕琢技艺，以及阴阳刻相结合的刀法，极大地丰富了当代定窑装饰的艺术性和可发挥性。其作品多次参加国内外大展并获奖，部分作品还被英国珍宝博物馆、中国工艺美术馆收藏。

在产业经营方面，随着陈氏定瓷提出艺术瓷和日用瓷两条腿走路的战略转型，韩庆芳也开始开拓新的装饰技法，相继研制开发出滚压成型的盖杯、茶杯、餐具等系列产品。此外，她使用局部印花或阴纹剔花技艺，将传统工艺与现代科技相结合，不仅使定瓷产品在造型、装饰等方面达到最佳的艺术效果，还大大降低了生产成本，提高了成品率。日用瓷研发项目为定窑的产业化发展打下了重要的工艺基础，也成为当代定窑新的经济增长点。

在技艺传承方面，韩庆芳在20余年的工作中不断发掘、整理古籍文献中的定瓷文化，撰写并发表了多篇论述严谨的学术论文，曾出

庞永辉

韩庆芳

王勰

版《中国工艺美术大师陈文增》《陶瓷科学与艺术》等著作，并培养了大批定窑装饰人才，为定窑技艺传承、文化弘扬做出了突出贡献，是当代定窑第二代传人的优秀代表，是定瓷文化的坚定传播者。

在年轻一代的定窑传承人中，王勰创建的定窑传承模式更具时代特征。他不仅创立了自己的品牌，还在定瓷产品中融入了生活的设计，不断进行精品化、符号化的探索，始终走在属于自己的创新传承道路上。

王勰，河北大学历史学博士，河北省工艺美术大师，保定工匠，定瓷烧制技艺非物质文化遗产项目代表性传承人，出生于陶瓷世家，自祖父辈开始从事陶瓷制作，现为河北缸北窑定瓷文化创意有限公司艺术总监。

王勰出生于河北省曲阳县岗北村，村里及周边的地下储藏着丰富的煤、陶瓷原料、釉原料等矿产资源。岗北村是传承定瓷文化最大的古村落，至今生产定瓷产品的作坊有近百家，另有古窑六十余座，古宅六座，古作坊三处。王勰说：“从小就喜欢跟着爷爷玩泥巴、搬坯子，晚上陪着爷爷熬夜烧窑时最幸福的就是还能烤几块红薯。目前我想把上大学学到的知识和技能用到定窑的发展中去，提高工艺质量，只有做精、做细才能做大品牌。”2010 年大学毕业后，王勰深入村里了解生产现状，发现村里的仿古定窑生产工艺粗糙，生产水平低下，器型古旧老化。于是，王勰利用大学所学的设计知识，正式开创了缸北窑日用定瓷时代。

在产品设计方面，王勰深入挖掘保定历史，结合城市遗迹设计了以古莲花池为背景的系列产品，《莲池印象》等作品多次参加国内大展并获奖，部分作品还被国家博物馆收藏。

在技艺传承方面，王𫚭承载着三代人的努力，不断发掘、整理古籍文献中的定瓷文化，撰写并发表了《宋代龙泉窑青瓷的工艺创新和历史文化价值研究》《定窑瓷器的材料科学与技术创新》《定窑传统工艺技术的传承与创新》等学术论文，此外他还培养了大批定窑装饰人才，为定窑的技艺传承和文化弘扬做出了突出贡献。

历史沉浮难测，古代定窑从创烧到勃兴，最终还是走向了衰落，直至蒙上了些许神秘色彩。为了揭开千年定窑的神秘面纱，王𫚭毅然选择到河北大学历史学院深造学习，他希望定窑在一代代定瓷人的探索与传承中创新发展、生生不息、芳华永续。

千年窑火，传承不辍，古老的定窑正在新时代焕发出夺目的光彩。

十一、易县砚台制作技艺传承人——邹洪利、崔小超

易砚是我国历史最悠久的古砚之一，历代为宫廷贡品。相传，易砚最早可追溯至两千多年前的战国时期，唐、宋两代是它的繁荣发展阶段，宋代时已成为宫廷贡品中的名砚之首，清代易砚更是成为皇家宫廷中的文房上品。

2004年，邹洪利创立河北易水砚有限公司，逐渐将易水砚发展成为中国易砚文化产业的杰出代表和当家品牌。

邹洪利，1966年出生，籍贯河北保定易县，国家级非物质文化遗产代表性项目传承人，国际民间工艺美术大师，中国首届文房四宝制砚艺术大师，全国中青年德艺双馨文艺工作者，联合国教科文组织杰出手工艺品徽章获得者，河北省劳动模范，易砚文化研究会会长，河北易水砚有限公司董事长。

邹洪利把全部精力都倾注于砚雕文化产业，开创了我国易砚工艺化制作和巨砚制作之先河，并将其发扬光大，成为我国易砚业的领军人物。面对砚台的实用价值淡化，观赏价值与收藏价值不断提升的现状，他大胆改革创新，突出易砚雕刻的工艺性、观赏性和收藏性，向着系列化、多品种方向发展。产品由过去单一的龙、凤、花、草砚发展为现在的山水风光、名胜古迹、英雄人物、鸟兽虫鱼、花草树木等数十个系列，上百个品种。经过多年潜心研制，邹洪利开发制作出砚雕的延伸新产品茶海（茶盘）、石板画、鱼缸、石质加湿器等，雕饰造型千姿百态，惟妙惟肖。

崔小超，1980年出生，河北省工艺美术大师，国家级非物质文化遗产代表性项目易水砚制作技艺省级代表性传承人。

作为崔氏砚雕的第七代传人，崔小超自幼受家族砚雕艺术的耳濡目染，逐渐对古老的砚雕工艺产生了浓厚的兴趣。1995年，崔小超在家乡的美术中学学习绘画。1998年，崔小超跟随崔术清学刻花鸟、龙凤砚，之后又随中国工艺美术大师刘克唐学刻文人砚。2010年，崔小超结业于清华工艺美术学院工艺美术大师

邹洪利

崔小超

高级研修班。多年的刻苦钻研和虚心好学，崔小超形成了自己独特的砚雕风格，他在制砚时擅长因材施艺，先观砚石的自然特点，再巧妙雕琢，雕刻时以浅浮雕刀法为主。

崔小超的砚雕作品《辛亥百年》曾在第十二届中国工艺美术大师博览会上获得中国工艺美术精品银奖，同时入选了由中国轻工业联合会和人民政协报社共同在政协礼堂主办的缔造辉煌——纪念辛亥革命100周年百名大师百件工美精品展；作品《松山畅叙》曾获2008年中国工艺美术大师精品百花杯金奖；作品《印象江南》曾获2010年中国工艺美术金凤凰创新产品设计大奖赛银奖。作品《邀月》被中华民族珍品艺术馆收藏；作品《易水龙砚》被中国非物质文化遗产博览馆收藏；作品《墨缘》被山东省岭上砚文化博物馆收藏。

崔氏易水砚坚持传承手工技艺和经典作品，其之所以能够在历史的波涛中经久不衰，究其原因，主要是崔氏易砚一直以来都有雕刻明清宫廷风格的传承。然而要想继续发扬光大，崔氏易水砚就一定要做到秉古承今，在坚持传承的基础上，必须努力开发新的产品。

崔小超在崔氏易砚文化的基础上融入了南方薄意山水工艺精华，将不同于北方技法的端砚圆刀技法运用到砚雕之中，并将手钻加入制砚过程中，将易砚做成了具有南方风格的北方砚台。他还丰富了雕刻的图案和技法，把曲阳石雕工艺引入易水砚的制作过程，增加了砚台的立体感和层次感。如今，在崔小超的带领下，崔氏易水砚不断地创新发展衍生产品，更多地融入生活、走向市场。

附录

历史钩沉
——故宫博物院建院史上的河北人

光阴荏苒，历经600余年的岁月洗礼，故宫依旧巍峨庄严地屹立于北京的心脏地带，成为全球瞩目的焦点。作为中华五千年文明的璀璨瑰宝，它承载着深厚的历史底蕴和丰富的文化内涵，充分展现了中国古代建筑艺术的卓越成就与无与伦比的魅力。

晨曦初露，金色的阳光洒在故宫的红墙金瓦之上，熠熠生辉，仿佛诉说着一段段尘封的历史。600余年的沧桑岁月，在这里留下了深深的烙印，每一砖每一瓦都承载着历史的重量，每一道门每一扇窗都诉说着过往的辉煌。

故宫，这个曾经的皇家禁地，如今已成为世人瞩目的文化遗产。它不仅是明清两代的皇家宫殿，更是中华五千年文明的瑰宝。漫步在宽广的宫院中，仿佛能够穿越时光，回到那个金碧辉煌的年代，感受皇权的威严与庄重。站在故宫的角楼上，俯瞰整个宫殿群，一种历史的厚重感油然而生。这座宫殿就像一座活着的博物馆，见证了中华民族从辉煌到衰落，再到崛起的历程，也跨越了时空保护，并传承着许多珍贵的中华文化遗存。

如今，故宫已成为连接历史与未来的桥梁，它让我们更好地理解和传承中华文化，同时也让我们更加珍视和尊重历史。在当代社会，故宫不仅是一处名胜景点，更是一座精神家园，它让我们在忙碌的生活中找到一片宁静，让我们在喧嚣的世界中获得源自文化认同的精神力量。

河北省因环绕北京的地理因缘，自古就处于“故宫文化圈”传承的重要位置，河北人在故宫博物院设立与发展至今的历史进程中也发挥了重要作用。早在故宫博物院成立之初，李煜瀛、鹿钟麟、张璧、王士珍、张继等风云人物就对保护故宫文化遗产做出了不同程度的历史贡献。鹿钟麟的部队在被迫撤出故宫时发表了声明："清宫古物，非清室之私产，乃我中华历代文化艺术之结晶，凡属中国国民，人人无私有之权，人人有保护之责，此国家国民人格所关，爱国爱己，为国人所当同具之观念也。"新中国成立后，孙瀛洲、王璞子、张金英、刘九庵等河北籍专家投身故宫博物院的建设，捐赠私人藏品，修缮故宫古建筑，研究故宫所藏瓷器，充实故宫建筑理论研究，修复馆藏书画，并且不吝赐教，毫无保留地把自己的知识传授给了青年工作者，为文物保护和培养专门人才做出了巨大贡献。

在此，我们将1925年故宫博物院建院作为一个历史坐标，遴选出9位在故宫博物院建设和发展中做出过贡献的河北籍人物，缀点成线，通过回溯尘封在历史角落的点滴事迹，描摹故宫与河北、中华儿女与祖国文物间的纸短情长。

一、李煜瀛——故宫博物院的创始人

1924年11月20日，清室善后委员会正式宣告成立，李煜瀛出任委员长，另外两位河北人鹿钟麟、张璧也跻身14位委员之列，李煜瀛在故宫博物院的筹备、创建之初发挥了举足轻重的作用。在列强环伺、军阀混战的纷乱局势下，李煜瀛凭借着复兴中华的满腔热忱，积极投身故宫文化事业，被称为"故宫博物院创始人"。

李煜瀛（1881—1973年），字石曾、石僧，河北高阳人，出身望族，其父为晚清重臣李鸿藻。早年曾随清驻法公使孙宝琦到法国读书。1906年加入同盟会，回国后任京津同盟会副会长，1913年再赴法国组织勤工俭学活动，为大批中国青年提供了到欧洲学习西方文化、寻求救国真理的机会。1917年回国后任北京大学教授，并创办中法学院、中央研究院。1924年，参加国民党第一次全国代表大会，被选为中央监察委员。他曾参与驱逐溥仪出宫的活动和故宫博物院的创建，曾被聘为清室善后委员会委员长、故宫博物院临时理事会理事长。1928年，在国民政府任命的故宫博物院理事中他位列第一，成为第一任理事长。1949年移居海外，1956年回到中国台湾，任国民党评议委员会主席团主席，在国民党内被尊为"元老"之一。

李煜瀛对故宫博物院的贡献主要有以下三个方面。其一，促进故宫博物院的筹建。他曾调停清廷和政府的矛盾，力排阻挠干扰，抛开革命性质而将点查渐进为社会事业，抓住时机，于1925年10月10日创立故宫博物院，开辟了中国博物馆事业的新纪元，中国博物馆事业由此走向正规化发展。其二，首创相关规章制度。早年的留法经历使他对法国大革命后兴起的博物馆有着深刻了解，因此他首先组织专家全面清点了宫内的古物、图书等文物，首创中国文物保管执行与监督分立，形成相互制约的格局，顺利将清廷之私产转化为全民之公产，

郭沫若题字

为从皇宫到博物馆的转变奠定了基础。[1]其三，担任要职，保护故宫文物、典籍。在故宫任职期间，他设法确保故宫文物、典籍免遭流散。1926年，遭北洋政府通缉，被迫离开北京。1928年，故宫博物院重新组成理事会，他仍为理事长，并兼任中央古物保管委员会委员、国立北平大学校长等职。1929年筹建北平研究院，任院长。1931年被派为指导整理北平市文化委员会副会长。1932年任国民党北平政治分会常委。抗日战争时期，他积极从事外交活动。抗日战争胜利后，他曾回国主持北平研究院学术会议大会，著有《石僧笔记》，遗稿有《扩武自述》《石僧随笔》等。

除参与筹建故宫博物院外，李煜瀛还亲自题写了故宫博物院匾额，并于1925年题写后，一直沿用到1971年，之后才采用了郭沫若的版本。2005年，故宫博物院将景仁宫辟为专门陈列捐献文物的展馆，取景仁宫“景仰仁德”之意设立“景仁榜”，以此来表达对于捐献文物的爱国人士的感激之情，李煜瀛作为故宫先贤也位列其中。

二、鹿钟麟、张壁——政变之中故宫博物院的保护者

清室善后委员会宣告成立之时，河北人鹿

① 章宏伟．从皇宫到博物院　故宫博物院的前世今生 [J]. 紫禁城，2020（10）：80-101.

钟麟、张璧也跻身14位委员之列。其后，二人历任故宫博物院临时董事会董事、故宫博物院理事会第一届理事等职，是故宫博物院创办初期的重要参与者。

鹿、张二人一方面在清室善后委员会成立之前的“北京政变”中维护了北京的社会秩序，另一方面也在针对故宫文物应属国有还是私产的问题上与清室旧臣遗老坚决斗争，他们将故宫文物视为中华民族珍贵遗产的态度和举措，客观上保护了故宫博物院的古物、图书和建筑，为之后故宫博物院各项工作的顺利展开提供了便利条件。

鹿钟麟（1884—1966年），河北定州人，西北军著名将领，国民党二级上将。自北洋新军学兵营与冯玉祥相识后，随冯玉祥戎马生涯四十年，成为冯玉祥的主要助手。北伐战争后，曾任南京军事委员会委员、军政部次长及代理部长、河北省主席、兵役部部长等要职。

张璧，字玉衡，河北霸州人，1885年生，是早期的同盟会会员，在辛亥革命、“二次革命”、反袁护国战争中有突出表现，当时有“南胡汪、北二张”之誉。

1924年10月23日，冯玉祥发动“首都革命”，驱逐“贿选总统”曹锟，史称“北京政变”。鹿钟麟率部先行入城，不费一枪一弹，仅三天就控制了北京全城，迅速稳定住了北京的社会秩序。11月5日，冯玉祥命令鹿钟麟、张璧驱逐清朝末帝溥仪出宫。当日上午，新任京畿卫戍总司令鹿钟麟带领几十名军警进入神武门，执行“逼宫”命令。在出示修正后的《清室优待条件》后，顺利推进清室搬离紫禁城。当时张璧任首都警察总监，协助溥仪离宫后，张璧随即命令军警将后宫库房、殿宇全部贴上封条，并派军警日夜巡守。

1925年9月29日，清室善后委员会召开会议，宣布组建故宫博物院，并选定故宫博物院临时董事会董事为严修、卢永祥、蔡元培、熊希龄、张学良、张璧、庄蕴宽、鹿钟麟、许世英、梁士诒、薛笃弼、黄郛、范源濂、胡若愚、吴敬恒、李祖绅、李仲三、汪大燮、王正廷、于右任、李煜瀛，理事为李煜瀛、黄郛、鹿钟麟、易培基、陈垣、张继、马衡、沈兼士、袁同礼，易培基兼任古物馆馆长，庄蕴宽兼任图书馆馆长。可以说，鹿钟麟和张璧在故宫博物院筹备和创建之初曾做出重要贡献。

1959年，鹿钟麟响应周恩来总理的号召，积极投入撰写文史资料的工作，先后写成了《滦州起义前前后后》《冯玉祥北京政变》《驱逐溥仪出宫始末》《孙中山北上与冯玉祥》《一九二六年访苏前后的回忆》《有关兵役部的回忆》《张学良在南京受审的回忆》等许多回忆文章，达数十万言，提供了有关历史事件的第一手材料。

三、王士珍——故宫博物院稳定发展的保障者

王士珍凭借过人的才智和卓越的政绩得到袁世凯的青睐，历任军政要职，直至陆军部长、总参谋长和政府总理。王士珍对京师秩序的维护客观上协助推动了故宫博物院的移交和运作，为故宫博物院的发展打下坚实基础。

王士珍（1861—1930年），字聘卿，号冠儒，河北正定人。近现代政治人物，“北洋三杰”之一。王士珍17岁在正定从军，获叶志超赏识，推荐进入北洋武备学堂深造，习得学、术两科十四门军事相关课程，锻炼了精神意志，培养了纪律意识，并结识了“北洋三杰”中的另外两位——段祺瑞、冯国璋。1894年，随叶志超赴朝鲜参与甲午农民战争（朝鲜东学党起义）的镇压。后于平壤取得胜利，成为甲午战争宣战后的首次战役和中日两国陆军第一次大兵团作战，对整个战局影响深远。[①]经数次军事历练，历任新建陆军工程营管带、工程队学堂监督、北洋常备军左镇翼长，清廷诏授江北提督。1915至1917年，王士珍三度入阁均担任陆军总长一职，后兼任国务总理。1918年，退出政坛，隐居北京。

1926年3月，段祺瑞为了维持政权，请出退隐的王士珍等联名致电吴佩孚、张作霖、

① 彭秀良．“北洋三杰”之一王士珍（二）[J]. 乡音，2014（01）：40-42.

冯玉祥等，提出和平办法五条。5月，王士珍担任京师临时治安会会长、京师救济联合会会长等职。在那个时局动乱的年代，处于京师治安管理职务上的王士珍担负起稳定社会治安的重担，帮助民众适应新的社会形势，推动社会平稳运行，维护公共安全，为故宫博物院的文化事业发展提供了更加平稳的社会环境，促使各项工作得以正常展开。

1927年9月20日，王士珍正式参与故宫博物院维持会的工作，国务会议决定成立故宫博物院管理委员会，议决《故宫博物院管理委员会条例》，聘任王士珍为委员长，按照《整理故宫办法》的思路管理事务。虽然王士珍在担任管委会委员长期间具体的工作细节因史料不足，今人已无从知晓，但我们仍能找到一些旁证作为判断依据。比如，1928年北伐胜利后，北平故宫接收代表等五人，为了保全故宫博物院，在接待蒋中正等国民政府领袖时，在《申报》发揭帖《故宫博物院开放三天，接收委员函请维持该院原案》，其中说道："十六年十一月，奉方另组管理委员会，强欲接收。所幸委员长王聘卿先生，尚能继续保管。"可见，王士珍在故宫博物院管理委员会的工作应是得到肯定的。

四、张继——故宫博物院保障体系建立的推动者

张继家学渊源，自幼受到良好的教育培养，成长为著名的政治思想家、史学家，他拥有强烈的爱国热情，多次提出牢记国耻、消灭压迫等振奋人心的主张，晚年参与编写国民党党史和民国史的撰写，尤其是参与了故宫博物院的建立，逐渐推动形成了故宫博物院法律保障体系和组织保障体系。

张继（1882—1947年），原名张溥，字博泉、溥泉，别署自然生，河北沧县人，民国政治家、史学家、诗人，曾任参议院院长、国史馆馆长，著有《张溥泉先生全集》《张溥泉先生全集补编》。张继出身书香门第，其父张以南曾任保定莲池书院斋长。张继7岁入私塾读书，16岁随父在莲池书院就读。光绪二十五年（1899年），赴日本东京善邻书院学习，后转入早稻田大学学习政治经济学。相继结识了章太炎、黄兴、孙中山等人，开始接触革命思想。1928年起，历任国民党中央政治会议委员、司法院副院长、中央监察委员、国史馆馆长等职。1946年出席制宪国民大会，并被选为主席团成员。

张继在故宫博物院成立和建设初期历任重要职务。1925年9月，清室善后委员会会议通过了《故宫博物院临时理事会章程》，确定张继为临时理事成员之一，分管古物、图书两部，对故宫文物展开清点工作。1928年10月，张继任故宫博物院理事会第一届理事。1929年3月，张继任北京故宫博物院副院长。1939年，张继提议由政府负责建立全国性质的档案库，并且组建国史馆以研究国家档案史料。

1947年1月国史馆正式成立，张继出任馆长。

作为故宫博物院创建的亲历者，张继见证了故宫博物院的多舛命运。1928年，在张继任国立北平故宫博物院理事期间发生了一件震惊文化界的大事。当时南京国民政府委员经亨颐递交了《废除故宫博物院，分别拍卖或移置故宫一切物品》的提案，且在国民政府召开的会议上获得了通过，可谓一石激起千层浪，刚刚开放三年的故宫博物院的前景蒙上了一层阴霾。

经亨颐的主要论点是：（1）“故宫博物院名称不通，故宫不如称为废宫，称为故宫更大不妥。”（2）“研究皇帝多用物事，是预备给哪个将来要作皇帝。”（3）“所定故宫博物院条例即决意废止。”（4）“审查故宫的博物，那一件可以拍卖，这种头号逆产，价值一定不小，买的人必多，骤得巨款，在首都（南京）建一个大的博物馆。”

经亨颐的提案受到了易培基、李煜瀛、马衡等故宫博物院主要负责人的强力反对，他们联合文化界人士委托张继在中央政治会议上呈文，针对经亨颐的提案一一进行驳斥：“故宫已收归国有，已成国产，更何逆产而言？故宫建筑之宏大、藏品之雄富，世界上有数之博物馆也。保护故宫，系为世界文化史上尽力，为所谓清室逆产尽力也。”

经亨颐当时的主张虽然言辞激烈，但也并不是对故宫文化遗产重要价值的漠视。在当时

的历史背景下，经历了连年的军阀混战，北伐战争刚刚取得胜利，在这个时间节点上，不仅故宫的运营经费难以解决，困难重重，而且觊觎故宫文物的各方势力依然蠢蠢欲动，国家对公有之物的保护能力受到不少质疑，因此这才对究竟该如何保护文物有了不同的“见解”。所幸在文化界有识之士的呼吁下，国民政府终于在复议后否决了经亨颐的提案，使故宫博物院免于被废除的厄运。

五、孙瀛洲——陶瓷工作与文物鉴定领域专家

孙瀛洲是我国古陶瓷鉴定的专家，他不仅向故宫博物院捐赠了大量珍贵文物，而且在担任故宫博物院研究员期间毫无保留地将自己的知识、经验传授给了年轻的陶瓷工作者，还编写了数部文物鉴定方面的著作，供鉴定行业人员学习、参考，为文物保护事业和人才培养做出了卓越贡献。

孙瀛洲（1893—1966年），河北冀县（今衡水市冀州区）人，我国著名古陶瓷鉴定家、第四届全国政协委员，曾任故宫博物院研究员。

孙瀛洲少年时便与文物古董结缘。1906年，14岁的孙瀛洲来到北京，先后在同春永古玩铺、聚宝斋、铭记古玩铺等处学徒，之后便走上了经营古玩的道路。1923年，孙瀛洲在北京开设了敦华斋古玩铺，成为北京著名的古瓷经营者，收集了大量珍贵的明清瓷器。他对经手的文物细心观察、记录，亲自到各地寻访采购，进行比较研究。后将经营方向集中在中国陶瓷上，尤其对明清瓷器进行了深入钻研，仔细分析其工艺特征及真伪规律，甚至为了深入研究明清瓷器制作工艺，曾多次到景德镇进行仿制。

新中国成立后，孙瀛洲将自己惨淡经营、多年收藏积累的3000余件文物慷慨地捐献给了故宫博物院，充实了院内的文物收藏。其中仅陶瓷一项就有2000件之多，明成化斗彩三秋杯等25件瓷器被定为国家一级文物。1956年，孙瀛洲被聘为故宫博物院顾问，主要从事古陶瓷的鉴定和研究工作。孙瀛洲在故宫博物院接触到了数十万件名瓷，面对数量巨大的陶瓷藏品和艰巨的鉴定任务，孙瀛洲竭尽全力施展自己的才能。他带领着工作人员对故宫所藏的陶瓷进行了重新鉴定，并协助故宫为国家抢救性收购了大批的文物珍品。在此期间，他还到全国各省市考察、鉴定各博物馆收藏的瓷器。随着考古事业的发展，大量瓷器被发掘出来。经过系统研究，他与故宫陶瓷组的研究人员一起将鉴定知识进行总结，先后发表了《元明清瓷器的鉴定》等有关瓷器研究及鉴定的文章10余篇，为我国古陶瓷鉴定的理论研究做出了重要贡献。在工作中，孙瀛洲非常关心青年人专业知识水平的提高，积极向他们传授古陶瓷的鉴定经验，为我国古陶瓷鉴定领域培养了许多优秀人才。

六、王璞子——元大都、古建筑法式、营造学专家

王璞子毕生从事古建保护与研究，研究涉猎广泛，涵盖关于古代建筑的诸多方面，其中又以元大都和古建筑法式的研究见长。除此之外，他在中国古代营造术方面也有很深的造诣，其编写的《工程做法》实用性较强，为学习我国古代营造学研究提供了经典范式，在保护故宫博物院的古代建筑方面价值重大、意义颇深。

王璞子（1909—1988年），名璧文，字璞子，后以字行世，生于河北正定，我国著名古建专家，曾任故宫博物院古建部高级工程师。

王璞子是我国古建筑领域的一位杰出人才，他的学术生涯始于20世纪二三十年代。1928年，王璞子进入中法大学学习，1933年到中国营造学社做研究生。在此期间，他不仅积累了丰富的理论知识，还深入实践，这为他日后在古建筑领域的发展奠定了坚实的基础。此后，王璞子在北平市政府工务局文整处担任职务，同时还兼顾古建专业课的教学工作，将自己在实践中学到的知识传授给学生们。新中国成立后，1952年起，王璞子在河北宣化市（今张家口市宣化区）政府建设科担任工程师，负责宣化市的建设和规划工作。1956年，他被调入中央二机部第一设计院，继续以工程师的身份为国家的发展贡献自己的力量。

1956年底，王璞子来到了故宫博物院，开始了对古建筑保护和研究的职业生涯。他先在工程队任施工工程师，负责组织施工、技术指导和质量监督，在午门、三大殿、角楼等一系列重大工程中亲力亲为，深入施工现场解决问题，对保证合理施工、确保工程质量发挥了重要作用。

在研究方面，王璞子对元大都及北京城的研究有着重要贡献。他认为，明清北京城的中轴线实际上是元大都中轴线的东移，这一观点对北京的城市发展研究有着重要的指导意义。此外，他还对辽金及明清的城市和宫室进行了深入的研究，构建了完整的研究理论体系。王

璞子早年从事古建法式研究，其对石桥、石闸、石涵洞做法的论文至今仍是研究石作技术的重要文献。

20世纪50年代起，王璞子一直致力于清工部《工程做法》的研究。我国古代营造术书流传不多，最重要者首推《营造法式》和《工程做法》，梁思成先生将其称为研究中国建筑的两部文法课本。王璞子对《工程做法》的研究不仅突出了理论性，还增加了实用性，为明清建筑的保护与研究奠定了重要基础。1979年，王璞子被评为高级工程师。1980年，王璞子被评为国家文物局先进工作者。1988年，王璞子因病逝世，享年80岁。

七、张金英——古旧书画文物修复专家

张金英是故宫博物院文物研究员，故宫博物院首席古旧书画文物修复专家，在故宫博物院修复了许多价值重大的书画作品，挽救了众多中华文化瑰宝，为中华民族的文化事业做出了杰出贡献。

张金英（1936—2011年），汉族，祖籍河北枣强县，北京故宫博物院修复古旧书画文物研究员。他热爱书画装潢艺术事业，淡泊名利，为文物修复工作做出了突出贡献。

1956年，张金英于北京市第三十一中学毕业后进入故宫博物院工作，在陈列部铜器研究组学习青铜器的鉴别和铭文传拓。1958年调入文物修复厂（现文保科技部）书画装裱组，从事书画的装裱与修复工作。1997年退休后受聘继续在故宫博物院从事书画修复和教学工作，为国家培养了许多书画修复人才。当年张金英进入故宫博物院工作时，正逢故宫博物院成立的文物修复厂聘请了10名来自上海和北京的书画装裱高手，因缘际会之下，他得以跟随杨文彬先生学习书画装裱修复技艺。学习期间，张金英不只精进书画装裱技艺，还不断提高自身的艺术修养，自学绘画、书法等知识。自身有天赋，又刻苦努力，加上各位老师的指

导，张金英逐渐掌握了各派装裱修复所长，同时跟随各位老师学习期间的所见所闻也让他受益匪浅。

多年的实践让张金英积累了丰富的工作经验，打下了坚实的技术基础，培养了良好的工作作风。20世纪70年代后，张金英逐渐成为业务骨干，承担起疑难和重要的书画修复任务。从事书画装裱修复的50余年间，张金英修复的书画涉及唐、宋、元、明、清各代，涵盖新旧、古今、不同质地、不同损坏程度、不同风格、不同装潢形式的名家书画作品。不但为故宫修复了大量的文物书画，也为全国许多省市的博物馆、事业单位及中央机关装裱和抢救了很多重要文物。

张金英参与的重要出土文物修复工作有战国帛画的清洗、西汉马王堆出土的帛书和帛画的揭取、新疆和山西等地出土的绢画的修复。此外，张金英还独立完成了许多传世书画的修复，主要修复过的传世书画有唐冯承素临王羲之《兰亭序》卷、宋人《职贡图》、唐人《百马图》、元吴镇《苍松图》、倪瓒《枯木竹石》，以及蓝瑛山水、祝枝山等人的字画，还有文同《墨竹图》、林良《鹰图》、边景昭《双鹤图》轴、王守仁字卷、周天球字卷（广东）、怀素《食鱼帖》（青岛）、李唐《濠梁秋水》、赵孟頫字卷（天津）、郭熙《山水》轴、吕纪《花鸟》轴（河南）、王渊花鸟、盛懋《山水》轴（山西）、宋人《蚕织图》（黑龙江）、宋郭熙《溪山行旅图》（云南）、元黄公望《剡溪访戴》轴（云南）、乾隆缂丝大轴——《五福颂》《麻姑献寿》、傅雯指画《胜果妙音图》（北京广济寺藏）、解缙字联（中央档案馆），另有近代张大千、徐悲鸿等名家字画，美国华人藏沈周山水及台湾同胞藏张宗苍《春山图》。这些作品的修复工作让这些饱受沉疴困扰的国宝重焕生机，为人们再现了其往日的风采，对中华优秀传统文化的传承意义重大。

精妙卓绝的技艺背后是日复一日年复一年的辛勤努力，张金英把毕生心血都投入了我国的文物修复事业中，所抢救的文物价值无法估量，为我国古旧书画文物修复事业培养的人才遍布全国各地，为我国文物事业做出的杰出贡献令人钦佩。

八、刘九庵——古书画鉴定专家

刘九庵是故宫博物院研究馆员、古书画鉴定专家，曾任国家历史文物咨议委员会委员、国家文物局文物鉴定委员会常务委员，是我国文物博物馆界首批获得国务院批准享有特殊津贴的专家之一。

刘九庵（1915—1999年），河北冀县人，我国当代著名古书画鉴定家，历任国家历史文物咨询委员会委员、国家文物局文物鉴定委员会常务委员。

1915年，刘九庵出生在河北省冀县大齐村，14岁时到北京琉璃厂悦古斋字画店做学徒长达12年之久，与古书画结下了不解之缘，此后还曾独自营销、代售古旧字画。1956年进入北京故宫博物院专门从事古书画的征集、鉴定和研究工作。刘九庵在清理、鉴别故宫博物院所藏数万通的明清尺牍时，发现了大量具有重要文献价值的信札，还从已被划为非文物的字画中找到了宋人《柳荫群盲图》、元颜辉《山水》轴、元赵孟頫《行书五言诗》轴等国家一级文物，为国家挽救了珍贵文物，避免了重大损失，展现了老一代文物工作者恪尽职守的高尚品质。

刘九庵好学敏求，治学严谨，考证精微。所见字画既勤于笔记，又善于总结，在书画和明清人书札的鉴定方面有独到之处，既熟悉"小名头"的书画，又能从细微处发现问题、解决问题。从事古书画鉴定、研究工作的70余年间，刘九庵成就斐然，贡献突出，曾两度参加国家文物局组织的中国古书画鉴定组，先后赴全国25个省、自治区、直辖市的文物收藏单位，鉴别、鉴定古书画累计6万余件。20世纪70年代后，他曾多次赴中国香港、中国台湾等地，以及美国等国家进行学术交流，在国内外文物博物馆界享有很高的声誉。

刘九庵编著的《宋元明清书画家传世作品年表》一书集毕生鉴定经验之大成，这本书虽然是在他人研究成果的基础上加以勘误、增补而成，却有着重大突破，汇集了刘九庵亲自过目和审慎鉴别的大量实物资料，是美术史研究和书画鉴定研究方面的重要参考文献。《中国历代书画鉴别图录》一书也选用了大量实物资料，剖析书画作伪的方方面面，颇具特色，是刘九庵提高和发展传统鉴定经验的又一部力作。《中国古代书画图目》和《中国古代书画目录》这两部大型专著融汇了刘九庵多年潜心研究的成果和鉴定结论，足资后人汲取。此外，刘九庵还撰写发表了重要学术论文30余篇，其中《记八大山人书画中的几个问题》《再记八大山人书画中的几个问题》《王宠书法作品的辨伪》《祝允明草书自诗与伪书辨析》《金农的亲笔与代笔画考析》《张大千伪作名人书画》等文章不但史料翔实，论证谨严，而且观点新颖，富有创见性，为美术史基础理论的研究增添了新内容，可谓是学术界不可多得的创新之作。

刘九庵以克己为宗旨，将自己收藏多年的珍贵书画，如明徐渭《四时花卉图卷》、清邓石如《隶书四箴屏》等百余件，分别捐赠给了北京故宫博物院、广东省博物馆、河南新乡博物馆。在他临终前还嘱托亲属，将某拍卖公司因遗失向他所借的文物而赔偿的15万元全部捐助给了家乡的希望工程，充分表现了他的爱国之情。刘九庵还以提携晚辈为己任，曾出任国家文物局委托硕士生导师，以极大的热情组织了全国古书画赝品展和书画鉴定研讨班，毫无保留地传授古书画鉴定的奥秘，使许多中青年受益匪浅。刘九庵的一生以诚信为本，审慎修身、治学，严于律己，宽厚待人，赢得了社会各界人士的普遍尊敬，表现出了一位资深专家的大度风范。

后　记

河北，因其特殊的地理位置，自古以来便是文化交融与传播的重要通道。燕赵大地的侠义之风、民间技艺、历史遗迹与宫廷之间千丝万缕的联系，使其“文化圈”呈现出多元性、厚重性与独特的地域魅力。它既是故宫文化向外辐射的重要承接区域，也是民间文化向宫廷文化输送养分的源泉之一。在明清时期宏大的历史画卷中，宫廷工匠的名字鲜见于史册，他们寂寂无名，却用一双巧手传递了文化记忆。虽然岁月曾经试图冲淡往昔的辉煌，可包括“燕京八绝”等在内的众多技艺如繁星般散落于河北民间，它们与当地的文化和工艺交融碰撞，经传承创新，孕育出兼具宫廷典雅与河北质朴特色的文化遗产，成为河北地域文化宝库中的一颗璀璨明珠，成为连接明清宫廷文化与河北民间文化的坚韧纽带，同时也为后人追溯历史、领略工艺之美提供了路径。

在本书的研究过程中，研究团队不仅多次前往故宫博物院查阅档案资料，而且深入民间实地探访手工技艺传承人，详勘文化遗址，挖掘历史记忆，企盼借技艺和器物传承等渐次勾勒出故宫技艺乃至文化在河北留存发展的清晰全貌。但由于一些客观原因，部分史料、文物、遗迹早已湮灭不存，这也给本书的研究带来了相当大的难度，加之河北地域广阔，调研工作难免受到各种限制，挂一漏万之处，尚祈读者与专家指正。

本书的完成是研究团队全体成员心血的结晶，也是众多文化守护者共同努力的成果。但我们也清楚地认识到，本书的完成只是对“故宫文化圈”与河北地区“文化圈”研究的一个阶段性总结。“故宫文化圈”与河北地区“文化圈”的文化内涵太过丰富深邃，我们所呈现的仅仅是其中的一部分。在未来的日子里，我们将继续致力于这一领域的研究与探索，不断挖掘“故宫文化圈”更多的精彩与奥秘，为传承和弘扬中华优秀传统文化贡献更多的力量，让中华优秀传统文化在新时代焕发出更加耀眼的光芒，吸引更多的人去探寻它们背后的无尽魅力与价值。

在此，衷心感谢所有支持和帮助完成本书的同人。感谢故宫博物院提供的资料支持，感谢参与本书的所有文化工作者和非遗传承人的帮助和建议，感谢他们为传承和弘扬中华优秀传统文化所付出的心血与汗水。同时，诚挚感谢参与调研和资料整理的河北大学研究生同学们，他们是田晓冬、李梦泽、杨澜、杨轲、薄凡玉、李可、高泽敏、史宇童、李晓。在撰稿过程中，他们展现出了高度的专注与热忱。还有其他给予本书研究工作以帮助的朋友们，在此一并表示诚挚的感谢！

最后，愿此书成为读者了解宫廷与燕赵文化的一扇窗，引领大家感受这片充满魅力与传奇的文化天地，共同推动中华优秀传统文化的传承和发展！